Ferdinand Perels

Rechtsstellung der Kriegsschiffe in fremden Hoheitsgewässern

Ferdinand Perels

Rechtsstellung der Kriegsschiffe in fremden Hoheitsgewässern

ISBN/EAN: 9783954272631
Erscheinungsjahr: 2013
Erscheinungsort: Bremen, Deutschland

© *maritimepress in Europäischer Hochschulverlag GmbH & Co. KG, Fahrenheitstr. 1, 28359 Bremen. Alle Rechte beim Verlag und bei den jeweiligen Lizenzgebern.*

www.maritimepress.de | office@maritimepress.de

Bei diesem Titel handelt es sich um den Nachdruck eines historischen, lange vergriffenen Buches. Da elektronische Druckvorlagen für diese Titel nicht existieren, musste auf alte Vorlagen zurückgegriffen werden. Hieraus zwangsläufig resultierende Qualitätsverluste bitten wir zu entschuldigen.

Rechtsstellung der Kriegsschiffe

in

fremden Hoheitsgewässern

von

F. PERELS
Geh. Admiralitätsrath und vortragendem Rath in der Kaiserlichen Admiralität.

FREIBURG I. B. 1886
AKADEMISCHE VERLAGSBUCHHANDLUNG VON J. C. B. MOHR
(PAUL SIEBECK)

Inhalt.

Inhalt.

SEPARAT-ABDRUCK

AUS DEM

ARCHIV FÜR ÖFFENTLICHES RECHT.

Band I. Heft 3.

Einleitung.

I. Charakter der Kriegsschiffe.

Als Kriegsschiff im Sinne des internationalen Rechts ist jedes zum Ressort einer Kriegsmarine gehörige, einem militärischen Befehlshaber unterstellte Schiff mit militärisch organisirter Besatzung anzusehen. In Betreff der hieraus sich ergebenden einzelnen Erfordernisse gilt folgendes:

1. Ist ein Schiff zum Dienste in der Kriegsflotte bestimmt, so ist für dessen Rechtsstellung im internationalen Verkehr der besondere Zweck, welchem es dienen soll, ohne Belang. Die Bestimmung für Zwecke der Kriegsmarine ist nicht gleichbedeutend mit der Bestimmung der Verwendbarkeit für die kriegerische Aktion. Die Eigenschaft eines Schiffes als Kriegsschiff ist daher auch nicht abhängig von der Armirung. Für das Verhalten und die Sonderstellung eines Kriegsschiffes, welches lediglich zu einer wissenschaftlichen Expedition entsendet ist, in fremden Hoheitsgewässern gelten grundsätzlich dieselben Regeln, wie hinsichtlich eines ausschliesslich für die militärische Aktion bestimmten Schiffes.

Diejenigen Grundsätze, welche in Betreff der Rechtsstellung der Schiffe selbst massgebend sind, finden auch Anwendung auf die von ihnen entsendeten Boote [1]).

---

[1]) Phillimore, Commentaries upon international law, 2. Aufl. I. § 346; Calvo, Le droit international théorique et pratique, 3. Aufl., I. S. 623; Ferguson, Manual of international law, I. S. 105.

2. Ein dem Marineressort zugehöriges Schiff wird im internationalen Verkehr als Kriegsschiff anerkannt, wenn es militärisch bemannt ist und unter einem militärischen Befehlshaber steht. Der letztere muss für die Zeit, in welcher er das Kommando führt, dem aktiven Dienststande angehören. Dies ist auch der Fall, wenn seine Einberufung aus dem Beurlaubtenstande, oder seine Annahme nur auf Zeit, namentlich also für den Kriegsfall erfolgt ist. Der militärische Charakter der Besatzung ist bedingt durch die Zugehörigkeit des Personals zur Kriegsmarine oder zur bewaffneten Macht überhaupt; er ist unabhängig davon, ob diese Zugehörigkeit sich auf die Erfüllung einer gesetzlichen Wehrpflicht oder auf einen freiwilligen Eintritt gründet. Der militärische Charakter der Besatzung muss aber auch äusserlich erkennbar sein durch eine Uniform. Soweit das der Fall und die Besatzung den Kriegsgesetzen unterworfen ist, gilt ein Schiff, bei welchem die Voraussetzung zu 1 zutrifft, auch dann als Kriegsschiff, wenn die gesammte Besatzung aus Kriegsfreiwilligen besteht ²).

3. Aeusserlich kennzeichnet sich die Qualität eines Kriegsschiffes durch Flagge und Wimpel. Die Flagge ist, je nach den Gesetzen der Einzelstaaten, entweder eine besondere Kriegsflagge ³) oder die den Kriegs- und Handelsschiffen gemeinsame Nationalflagge. Die Nationalflagge ist das Unterscheidungszeichen für die

---

²) Die deutsche Marineordnung vom 4. Dezember 1883 sieht im § 32 die Einstellung von Kriegsfreiwilligen nach ausgesprochener Mobilmachung für die Dauer des mobilen Zustandes vor. Geeignete Personen können eingestellt werden, je nach ihrer seemännischen oder technischen Vorbildung als Gemeine, als Unterofficiere, als Hilfs-Deckoffiziere, oder als Hilfs-Offiziere; die letzteren beiden Kategorieen erhalten eine Bestallung und tragen die Uniform ihrer Charge mit gewissen Abzeichen; die Unteroffiziere und Gemeinen tragen die Uniform ihrer Charge. S. im übrigen die Bestimmungen der Anlage 5 zu § 32 Nr. 3 a. a. O. — Wenn Ferguson a, a. O. §. 105 den Charakter eines Staatsschiffes für bedingt hält durch eine Besatzung von Offizieren und Mannschaften „in the regular service of their own Government", so erscheint das nicht für alle Verhältnisse zutreffend.

³) Kriegsschiffen von Kolonialregierungen kann eine andere Flagge zugewiesen sein, als denjenigen des Mutterstaates. So führen die armirten Regierungsschiffe britischer Kolonieen die blaue englische Flagge mit dem Wappen der betreffenden Kolonie im blauen Felde und dazu den blauen Wimpel mit einem am Liek befindlichen rothen stehenden Kreuz im weissen Felde. Solche Schiffe stehen anderen Kriegsschiffen völlig gleich.

einzelnen Schiffe nach ihrer Staatszugehörigkeit und das einfachste, wenn auch nicht für alle Fälle ausreichende, Mittel für den Nachweis der letzteren. Der Wimpel ist das Zeichen der Kommandoführung durch einen dem aktiven Dienststande angehörigen Seeoffizier. Privatschiffen, insbesondere Kauffahrteischiffen ist die Führung des Wimpels der Kriegsflotte oder eines ähnlichen Wimpels nicht erlaubt[4]). Dagegen pflegt auch den nicht zum Ressort der Kriegsmarine gehörigen Staatsfahrzeugen und solchen Privatschiffen, welche ausschliesslich für Staatszwecke verwendet werden, die Führung des Wimpels gestattet zu werden, wenn und so lange sie von einem dem aktiven Dienststand angehörigen Seeoffizier befehligt werden[5]). Die ausnahmsweise und bedingte Zulassung der Führung des Wimpels Seitens solcher nicht von aktiven Seeoffizieren befehligten Regierungsschiffe, welche zum Erwerb durch die Seefahrt bestimmt sind, verleiht diesen Schiffen nicht den Charakter der Kriegsschiffe[6]).

Der Kriegswimpel wird nicht geführt, wenn und so lange an Bord ein dem Kommandanten vorgesetzer Offizier eingeschifft ist, welcher ein anderweitiges Kommandozeichen, wie die Admiralsflagge, oder den Kommodore-Stander zu führen hat. Derselbe wird ferner, ebenso wie jedes andere Kommandozeichen, gestrichen, sobald die Standarte des Souveräns gesetzt wird[7]). Flagge und Wimpel in Verbindung mit der äusseren Erscheinung eines Schiffes und seiner Besatzung werden in der Regel über dessen Charakter als Kriegsschiff keinen Zweifel lassen. Jedoch können jene Abzeichen unberechtigt geführt werden, und es bedarf des-

---

[4]) Für deutsche Kauffahrteischiffe ist das Verbot ausgesprochen in der Verordnung vom 25. Oktober 1867, betr. die Bundesflagge für Kauffahrteischiffe (Bundesgesetzblatt S. 39).

[5]) S. deutsches Flaggen- und Salut-Reglement, §§ 14 bis 16; österreichisches Reglement für die k. k. Kriegsmarine, III. Nr. 12 und 14.

[6]) Die Ermächtigung zur Führung des Wimpels war s. Z. ertheilt den preussischen Seehandlungsschiffen für die Fahrt jenseits der Linie, den Schiffen der dänisch-asiatischen Handelsgesellschaft und der russisch-amerikanischen Kompagnie.

[7]) Ingleichen nach Massgabe der besonderen Reglements auch, so lange die Standarte eines Mitgliedes des souveränen Hauses weht; nach dem deutschen Reglement (§§ 2 ff. a. a. O.) ist der Wimpel niederzuholen, wenn die Standarte des Kaisers, der Kaiserin, des Kronprinzen oder der Kronprinzessin gesetzt wird.

halb, wenn die Legitimation zu deren Führung und damit der
Charakter als Kriegsschiff von autoritativer Seite in Frage gestellt wird, eines anderweitigen Nachweises; dieser wird geführt
durch die ordnungsmässig ausgefertigte Segelordre, enthaltend den
dem Befehlshaber ertheilten Auftrag [8]).

4. Die Zugehörigkeit eines Schiffes zur Kriegsflotte kann
eine dauernde oder eine vorübergehende sein. Eine dauernde
Zugehörigkeit liegt vor, wenn das betreffende Schiff entweder von
vorne herein für die Kriegsmarine erbaut war, oder wenn es durch
Kauf, Expropriation für Kriegszwecke, oder auf Grund eines
anderen Erwerbstitels eigenthümlich auf dieselbe übergangen ist.
Eine vorübergehende Zugehörigkeit liegt namentlich dann vor,
wenn ein Privatschiff, sei es durch Ermiethung (Charter), sei es
in Folge zwangsweiser Inanspruchnahme in das ausschliessliche
Nutzungsrecht der Kriegsmarine auf bestimmte oder auf unbe-
stimmte Zeit übergegangen ist [9]). Schiffe dagegen, welche, sei

---

[8]) In diesem Sinne bemerkt ORTOLAN, Règles internationales et diplomatie
de la mer, I. S. 181: „Les preuves de la nationalité et du caractère d'un bâtiment de guerre sont dans le pavillon et dans la flamme qu'il fait battre à sa
corne et au haut de ses mâts; dans l'attestation de son commandant, donnée
au besoin à sa parole d'honneur; dans la commission de ce commandant et
dans les ordres qu'il a reçus de son souverain". — PHILLIMORE (a. a. O. § 350)
erklärt: „It is important to observe, that if any question arise as to the natio-
nality of a ship of war, the commission is held to supply adequate proof";
ferner STORY (s. bei Phillimore a. a. O.): „In general a commission of a public
ship, signed by the proper authorities of the nation to which she belongs, is
complete proof of her national character — — the commission, therefore, of a
public ship when duty authenticated, so far at least as foreign courts are con-
cerned, imports absolute verity, and the title is not examinable — — this has
been the settled practice between nations and it is a rule founded in public
convenience and policy and cannot be broken in upon, without endangering
the peace and repose, as well of neutral as of belligerent sovereigns". — FIELD,
Projet d'un code international, aus dem Englischen übersetzt von ALB. ROLIN,
§ 69: „Le document établissant la nationalité d'un navire de guerre appartenant
à un État est la commission de son commandant ou l'ordre écrit de son gouvernement."

[9]) CALVO, Dictionnaire de droit international public et privé, II. S. 12
erklärt: „L'usage et les convenances mutuelles ont fait comprendre dans la
catégorie des bâtiments de guerre les navires marchands affrétés spécialement
et en entier pour le transport de troupes, de vivres, de rechanges ou d'autres
objets appartenant au gouvernement, et commandés par des officiers de la
marine militaire. A la vérité ces navires ne sont pas dans la stricte acception
du mot des bâtiments de guerre, puisqu'ils n' appartiennent pas à l'État et ne

es im Kriege, sei es im Frieden, nur zum Theil für Marinezwecke, z. B. zum Transport von Marinepersonal, oder von Marineausrüstungsgegenständen gechartert sind, tragen nicht den Charakter von Kriegsschiffen.

Auch solche Privatschiffe, welche von der Marineverwaltung weder durch Kauf noch auf Grund eines anderen Rechtstitels eigenthümlich oder zur vorübergehenden Benutzung erworben, sondern mit der erforderlichen Bemannung freiwillig von ihren Eigenthümern für Kriegszwecke zur Verfügung gestellt worden sind, tragen den Charakter der Kriegsschiffe, sobald sie, unter Verleihung des Rechts zur Führung der Kriegsflagge, mit ihrer Besatzung in militärischer Organisation, deren Charakter auch äusserlich erkennbar ist, der Kriegsmarine einverleibt werden, und zwar unabhängig davon, ob sie im Verein mit den ordentlichen Seestreitkräften oder auf Grund der ihnen von der leitenden Kriegsgewalt ertheilten Autorisation selbstständig operiren.

Die Ergänzung der Kriegsflotte durch Privatschiffe, ist mehrfach der Gegenstand publizistischer Erörterungen gewesen. Die Zulässigkeit kann jedoch berechtigten Einwendungen nicht unterworfen werden. Insbesondere kann von einer Umgehung des Satzes 1 der Pariser Seerechts-Deklaration von 1856 wegen Abschaffung der Kaperei hierbei schon aus dem Grunde nicht die Rede sein, weil Kaper, wenn sie auch der obersten Marinebehörde unterstellt sind, doch weder von einem Seeoffizier geführt werden noch eine militärische Besatzung haben, und auf eigene Faust und Rechnung lediglich aus Gewinnsucht operiren, während es sich hier um solche Schiffe handelt, welche ihren Charakter als Privatschiffe dadurch vollständig verloren haben, dass sie mit ihrem Personal oder ohne dasselbe ganz in die Kriegsflotte eingestellt worden sind zur Ergänzung derselben und zur Erhöhung ihrer Aktionsfähigkeit. Es versteht sich von selbst, dass solche Schiffe keine andere Flagge führen können, als diejenige der Kriegsschiffe ihrer Nation.

---

sont pas propres au combat; mais tant qu'ils sont exclusivement et intégralement employés au service de la marine militaire, tant qu'ils ne se livrent à aucune opération commerciale, ils sont assimilés aux bâtiments de l'État et autorisés comme tels à arborer le pavillon et la flamme de guerre. — S. auch FIORE, Trattato di diritto internazionale pubblico; 2. Aufl. I. § 52.

Als nach Ausbruch des deutsch-französischen Krieges im Jahre 1870 der König von Preussen mittelst eines an den Kanzler des Norddeutschen Bundes und den Marineminister gerichteten Erlasses vom 24. Juli den Aufruf zur Bildung einer freiwilligen Seewehr genehmigt hatte und die entsprechenden Publikationen ergangen waren, erhob die französische Regierung Einspruch gegen die Zulässigkeit einer solchen Organisation, weil dieselbe gegen den ersten Satz der Pariser Deklaration vom 16. April 1856, betreffend das Seekriegsrecht, welcher die Abschaffung der Kaperei proklamirt, verstosse, und suchte diese Auffassung in einer von ihrem Botschafter in London an den grossbritannischen Minister des Auswärtigen gerichteten Note zu begründen, wobei zugleich eine Aeusserung der britischen Regierung über die Angelegenheit provozirt wurde. In der von Seiten der letzteren, auf Grund eines Gutachtens der Kronjuristen, ertheilten Antwort, wurden die von französischer Seits erhobenen Bedenken als nicht zutreffend bezeichnet [10]).

---

[10]) Der Königliche Erlass vom 24. Juli 1870 genehmigte die Bildung einer freiwilligen Seewehr unter folgenden Modalitäten:

1) Es ist ein öffentlicher Aufruf an alle deutschen Seeleute und Schiffseigner zu erlassen, sich dem Vaterlande mit ihren Kräften und geeigneten Schiffen zur Verfügung zu stellen, und zwar unter nachstehenden Bedingungen:

a. Die zur Disposition zu stellenden Fahrzeuge werden von einer aus zwei Marine-Officieren und einem Schiffsbau-Ingenieur bestehenden Commission, in Betreff ihrer Tauglichkeit zu dem beabsichtigten Zwecke, geprüft und eventuell taxirt. Im zutreffenden Falle erhält der Eigenthümer sogleich $\frac{1}{10}$ des Taxpreises als Handgeld, worauf er sogleich die nöthige freiwillige Mannschaft zu heuern hat;

b. die auf solche Weise angeworbenen Offiziere und Mannschaften treten für die Dauer des Krieges in die Bundesmarine und haben deren Uniform und Gradabzeichen anzulegen, deren Kompetenzen zu empfangen und sind auf die Kriegsartikel zu vereidigen. Die Offiziere erhalten Patente ihres Grades und die Zusicherung, dass sie, für den Fall ausgezeichneter Dienste, auf ihren Wunsch auch definitiv in der Kriegsmarine angestellt werden können. Offiziere und Mannschaften, welche im Dienste ohne eigenes Verschulden erwerbsunfähig geworden, erhalten Pension nach den für die Bundesmarine gültigen Sätzen.

2) Die geheuerten Schiffe fahren unter der Kriegsflagge des Bundes.

3) Dieselben werden seitens der Bundesmarine armirt und für den ihnen zugedachten Dienst eingerichtet.

4) Die im Dienst des Vaterlandes etwa zu Grunde gegangenen Schiffe werden den Eigenthümern nach ihrem vollen Taxwerth bezahlt. Können sie

Die Umstände, welche eine berechtigte Gleichstellung der in Rede stehenden Schiffe mit Kapern völlig ausschliessen, sind folgende:

a. Die Schiffe sollten lediglich der Aktion gegen feindliche Kriegsschiffe dienen, nicht zur Ausübung des Seebeuterechts, auf welche vielmehr deutscher Seits durch die im Namen des Norddeutschen Bundes erlassene Königliche Verordnung vom 18. Juli 1870, betreffend die Aufbringung und Wegnahme französischer Handelsschiffe, grundsätzlich verzichtet worden war. Hauptzweck der Kaperei ist aber gerade die Wegnahme feindlicher Handelsschiffe.

b. Die Schiffe sollten nicht nur einen integrirenden Theil der Kriegsmarine des Norddeutschen Bundes bilden, unter deren Flagge fahren und mit ihren Besatzungen den Kriegsgesetzen unterstellt sein, sondern die Offiziere und Mannschaften sollten völlig dem Personal der Bundes-Kriegsmarine inkorporirt werden und auch äusserlich durch Uniform und Gradabzeichen als deren Angehörige erscheinen. Eine solche Organisation hat mit dem Kaperwesen nicht das mindeste gemein. Zwar gelten Kaper auch als ein Theil der Seestreitkräfte und haben sich den Kriegsgesetzen und Kriegsgebräuchen gemäss zu verhalten; aber ihre Besatzungen sind keinesweges Theile des Personals der Kriegsflotte; sie empfangen ihre Gebührnisse nicht aus Staatsfonds und ein Anspruch auf staatliche Versorgung für den Fall der Invalidität ist ihnen niemals zugebilligt worden.

---

nach dem Kriege den letzteren unbeschädigt zurückgegeben werden, so gilt die beim Engagement gezahlte Prämie als Heuer.

5) Demjenigen Schiffe, welchem es gelingt, feindliche Schiffe zu nehmen oder zu vernichten, wird eine entsprechende Prämie gezahlt und zwar für die Zerstörung einer Panzerfregatte 50 000 Thlr., einer Panzerkorvette oder Widderschiffs 30 000 Thlr., einer Panzerbatterie 20 000 Thlr., eines Schraubenschiffs 15 000 Thlr., eines Schraubenfahrzeuges 10 000 Thlr. Diese Prämien werden den betreffenden Schiffseignern ausgezahlt, denen anheimgestellt werden muss, sich bei der Anwerbung der Bemannung mit dieser über die derselben etwa zu gewährenden Antheile an der Prämie zu vertragen.

6) Als Werbe- und Anmeldungsbehörden werden a) die Werften zu Wilhelmshaven, Kiel und Danzig, b) die Marinedepots zu Geestemünde und Stralsund, c) der Kapitän zur See WEICKHMANN zu Hamburg zu bezeichnen sein.

Die französische Note vom 20. August 1870 und die englische Antwort s. im Staatsarchiv von AEGIDI und KLAUHOLD Bd. 20 Nr. 4345 und 4346.

c. Die Ausrüstung und Armirung von Kapern erfolgt stets von Seiten und auf Rechnung der Unternehmer, während hier der Staat die Armirung und Einrichtung übernahm.

Von den Publizisten, welche sich mit einer Erörterung dieses Gegenstandes befasst haben, erachten CALVO und HALL eine Vergleichung mit der Kaperei für zulässig[11]). Ihre Auffassung, welche dem Standpunkt der oben mitgetheilten französischen Note entspricht, wird dagegen als unzutreffend gekennzeichnet namentlich von GEFFKEN, welcher die Organisation als die durchaus zulässige Einverleibung eines Theils der Handelsmarine in die ordentliche Kriegsmarine ansieht[12]), ferner von HOLLAND[13]), TWISS[14]), BOECK[15]), NYS[16]), LIBBRECHT[17]), FIORE[18]).

---

[11]) CALVO, Droit intern., III. S. 301 ff. beschränkt sich auf eine Reproduktion des Inhalts der französischen Note vom 20. August 1870. — HALL, International Law, § 181 bemerkt mit Bezug auf die britische Erklärung: „nevertheless it hardly seems to be clear that the differences, even though substantial, between privateers and a volounteer navy organized in the above manner are of a kind to prevent the two from being identical in all important respects. In both the armament is fitted out by persons whose motive is wish for gain, in both the crews and officers are employed by them and work therefore primarily rather in their interests than in those of the nation. The difference that in the particular case of the Prussian volunteer navy attacks upon men of war were alone contemplated was accidental and would have been temporary. — — The sole real difference between privateers and a volunteer návy is then that the latter is under naval discipline, and it is not evident why privateers should not also be subjected to it. — — Il may be that the organisation intended to be given to the Prussian volunteer navy, or some analogous organisation, would possess sufficient safeguards. If so there could be no objection on moral grounds to its use; but unless a volunteer navy were brought into close connection with the state than seems to have been the case in the Prussian project it would be difficult to show that its establishment did not constitute an evasion of the Declaration of Paris. — The incorporation of a part of the merchant marine of a country in its regular navy is of course to be distinguished from such a mesure as the above discussed".

[12]) HEFFTER, das Europäische Völkerrecht der Gegenwart, 7. Aufl. bearb. von GEFFCKEN, Note 7 zu § 124a.

[13]) Derselbe hebt in seinem dem Institut de droit international erstatteten Bericht (Annuaire de l'institut, 1879/80 I. S. 130) hervor: „On a discuté, dans les journaux, le vrai caractère de l'emploi des croiseurs, c'est-à-dire d'une augmentation de la flotte d'un pays par l'incorporation d'une certaine partie de sa marine marchande. Il est, je crois, hors de doute qu'il n'y a là, en principe, rien qui soit opposé à la déclaration de Paris par rapport à la course."

Eine Ausrüstung von Schiffen auf Grund des Königlichen Erlasses vom 24. Juli 1870 ist übrigens nicht erfolgt.

II. Ausdehnung der Sonderrechte der Kriegsschiffe auf andere Kategorieen von Schiffen.

Einzelnen Kategorieen von Schiffen, welche nicht dem Ressort der Kriegsmarine angehören, hat man im internationalen Verkehr die Rechtsstellung der Kriegsschiffe voll oder theilweise eingeräumt.

1. Den Kriegsschiffen in Bezug auf Exemtionen vollkommen gleichgestellt werden allgemein solche Staats- oder Privatschiffe, an Bord deren sich fremde Souveräne oder deren officielle Repräsentanten befinden, insofern solche Schiffe zu deren Beförderung

---

[14]) Derselbe erklärt in seinem dem Institut de droit international erstatteten Bericht (Annuaire a. a. O. S. 136): „la déclaration de Paris — — ne défend pas aux belligérants de se servir des navires de commerce de leurs propres citoyens, pourvu que ces navires soient mis sous la direction de capitaines au service immédiat de leurs gouvernements et commissionés pour faire la guerre". -- S. ferner den Artikel von Sir TRAVERS TWISS: „On privateers" in The Nautical Magazine, 1878 S. 500 ff., mit Bezug auf den Ankauf von Privatdampfern Seitens der russischen Regierung für die Kriegsmarine, und dessen Aufsatz „Les droits des belligérants sur mer depuis la déclaration de Paris" in der Revue de droit international, 1884 Bd. 16 S. 119 bis 121. — Kurze Betrachtungen über die Verwendbarkeit von Handelsdampfern als Hülfsmaterial für die britische Flotte im Falle eines Krieges, namentlich durch Umwandlung derselben in Kreuzer mit leichter Armirung oder für Transporte, s. in den Artikeln „Adoption of merchant steamships for war purposes" und „Our mercantile fleet" in The Nautical Magazine, 1878 S. 493 ff. bezw. 1879 S. 37 ff.

[15]) BOECK, De la propriété ennemie sans pavillon ennemi, S. 243.

[16]) NYS, La guerre maritime, S. 34 Anmerkg.

[17]) LIBBRECHT, La guerre maritime S. 32; es heisst hier mit Bezug auf die britische Note vom 24. August 1870: „Il nous semble que le comte de Granville était dans le vrai, étant donné surtout que la propriété privée ennemie sur mer devait être respectée par cette marine volontaire comme par les bâtiments de guerre de l'État. Nous croyons même que cette idée d'une marine volontaire, sévèrement disciplinée et militairement organisée, contient en germe la solution du problème de la course".

[18]) FIORE, a. a. O. I. § 521 erklärt: „Spetta anche a ciascuna sovranità di attribuire ad una nave la qualifica di nave da guerra, affidandone il comando della medesima ad un ufficiale della marina militare e dandole facoltà d'inalberare la bandiera militare".

ausschliesslich bestimmt sind[19]). Denn solche Schiffe repräsentiren die fremde Souveränetät; die Standarte des Souveräns muss unter allen Umständen zu denselben Immunitäten berechtigen, wie das von dem Inhaber der Staatsgewalt den Kriegsschiffen verliehene Kommandozeichen.

2. Im übrigen beruht die Gleichbehandlung von solchen Staatsschiffen, welche nicht dem Ressort der Kriegsmarine angehören, mit Kriegsschiffen, soweit sie anerkannt wird, nur auf internationaler Vereinbarung oder auf Konvenienz. Eine derartige Gleichbehandlung ist in einzelnen Staatsverträgen vereinbart hinsichtlich der Regierungs-Postdampfer. In der Regel werden solchen Fahrzeugen jedoch nur gewisse Vergünstigungen bezüglich der Hafenabgaben und der Zollabfertigung und anderweite Verkehrs-erleichterungen eingeräumt, ebenso wie in einzelnen Fällen anderen lediglich zum Erwerb durch die Seefahrt bestimmten Regierungs-schiffen[21]). Die letzteren vertreten allerdings nur fiskalische Interessen; die Zubilligung von Immunitäten an die dem Staate gehörigen oder von demselben gecharterten Postschiffe dagegen liegt in der Bedeutung des internationalen Postdienstes überhaupt und der Wichtigkeit einer prompten Handhabung desselben begründet. Es pflegen desshalb auch gewisse Vergünstigungen solchen Privat-Fahrzeugen gewährt zu werden, welche unter der Autorität der Regierung den internationalen Postverkehr vermitteln.

3. Auf einer missverständlichen Auffassung beruht es, wenn man in einzelnen Fällen aus gewissen Vergünstigungen, welche auch im internationalen Verkehr den Fahrzeugen der britischen Royal Yacht Clubs gewährt werden, einen anderen Charakter derselben wie denjenigen, welcher ihnen als Privatschiffen innewohnt, oder gar eine Gleichstellung mit Kriegsschiffen hat herleiten wollen. Hiezu hat namentlich der Umstand Veranlassung

---

[19]) HEFFTER a. a. O. § 79; BLUNTSCHLI, Das moderne Völkerrecht der civilisirten Staaten als Rechtsbuch dargestellt, 2. Aufl. § 321.

[20]) S. auch GEFFCKEN a. a. O. Note a zu § 79; FERGUSON a. a. O. I. § 105 und CALVO Dict. II. S. 15.

[21]) Näheres über die solchen Schiffen eingeräumten Privilegien s. bei PERELS, das internationale öffentliche Seerecht der Gegenwart, § 15 II und III.

[22]) S. auch FIORE a. a. O. I. § 539 und FERGUSON a. a. O. I. § 109.

gegeben, dass diesen Fahrzeugen das Privilegium eingeräumt ist, die Flagge der britischen Kriegsschiffe (Union Jack) zu führen[23]).

III. Beschränkungen des Rechts zur Unterhaltung von Kriegsschiffen.

Das Recht eines Staates, eine Kriegsflotte zu halten, ist ein Ausfluss seiner Souveränetät und von seiner Unabhängigkeit an und für sich ebensowenig zertrennlich wie die Befugniss, eine Armee zu halten und Festungen anzulegen. Einschränkungen jenes Rechts können daher nur vorkommen auf Grund eines besonderen Rechtstitels oder bei solchen Staaten, welche hinsichtlich ihrer Souveränetät von anderen Staaten abhängig sind. Die neuere politische Geschichte bietet Beispiele nach beiden Richtungen hin.

1. Nach der Niederwerfung Russlands im Krimkriege war bei den Verhandlungen auf dem Pariser Friedenskongress die Tendenz der Westmächte leitend, dessen maritime Machtstellung der Türkei gegenüber lahm zu legen. Demgemäss wurde durch den Vertrag vom 30. März 1856 das Schwarze Meer für neutral erklärt und mit seinen Gewässern und Häfen dem Kriegsschiffsverkehr aller Nationen, einschliesslich der Uferstaaten, entzogen; ausnahmsweise wurde es Russland und der Türkei freigestellt, für den Küstendienst eine beschränkte Anzahl kleinerer Kriegsfahrzeuge zu unterhalten, nämlich 6 Dampfer von 50 Meter Länge in der Wasserlinie und einem Maximalgehalt von 800 Tons und 4 leichte Dampfer oder Segelfahrzeuge mit einem Maximalgehalt von je 200 Tons. Zugleich wurde, in Folge der Neutralisirung des Schwarzen Meeres, die Erhaltung beziehungsweise die Anlage militärisch-maritimer Arsenale an den Küsten desselben als unnöthig und gegenstandslos erklärt, und verpflichteten sich Russland und die Türkei, davon Abstand zu nehmen[24]). Im Jahre 1870 sagte sich Russland zunächst einseitig von diesen

---

[23]) S. Twiss, The Law of Nations 2. Aufl: I S. 323. Es wird hier mitgetheilt, dass die türkischen Behörden an den Dardanellen sich dadurch veranlasst gesehen haben, einem solchen Fahrzeuge, weil sie es einem britischen Kriegsschiffe gleich erachteten, die Erlaubniss zur Durchfahrt zu versagen. Nach erfolgter Aufklärung wurde die Genehmigung ertheilt. — S. auch FERGUSON a. a. O. I. § 106.

[24]) Pariser Vertrag, Art. 11, 13 und 14, sowie Anhang II.

Festsetzungen los; es führte dies zu einer Revision der bezüglichen Theile des Vertrages von 1856, deren Ergebniss der Londoner Vertrag vom 13. März 1871 war. Durch den letzteren sind, unter Aufgabe des Princips von der Neutralität des Schwarzen Meeres, die vorgedachten Einschränkungen aufgehoben worden [25]).

2. Durch den Firman vom 9. Juni 1873 betreffend die Erbfolge- und Regentschaftsordnung in Aegypten und die Rechte des Khedive, hat der Sultan dem letzteren, immer unter Aufrechthaltung des Oberhoheitsverhältnisses, auch das unbedingte Recht eingeräumt, alle Massregeln und Anstalten zum Schutze und zur Vertheidigung des Landes zu treffen, je nach der Anforderung der Zeit und des Ortes, und je nach dem Bedürfnisse den Stand der Armee zu vermehren oder zu vermindern; dieselben Befugnisse sollen dem Khedive hinsichtlich der Seemacht zustehen; jedoch soll zum Bau von Panzerschiffen die grossherrliche Genehmigung erforderlich sein.

3. Nach der Festsetzung der Berliner Kongressakte vom 13. Juli 1878 (Art. 29) darf das Fürstenthum Montenegro, welchem durch die Zuertheilung des Hafengebietes von Antivari die unmittelbare Verbindung mit dem Meere eröffnet worden, weder Kriegsschiffe noch eine Kriegsflagge haben [26]).

4. Durch Art. 8 des zwischen Russland und Persien im Jahre 1826 abgeschlossenen Vertrages von Turkmentschai hat Russland das ausschliessliche Recht erworben, im Kaspischen Meere Kriegsschiffe zu unterhalten [27]).

---

[25]) S. Perels a. a. O. § 5 VI und Cauchy, Le droit maritime international II. S. 138, 139.

[26]) Montenegro war bis zum Frieden von San Stefano von der Türkei als ein von ihr abhängiger und ihr tributärer Staat angesehen worden, ein Verhältniss, welches Seitens Montenegros niemals anerkannt worden war. Im Art. 26 des Berliner Vertrages vom 13. Juli 1878 wurde die Unabhängigkeit des Fürstenthums Seitens der Hohen Pforte und der übrigen Kongressmächte ausdrücklich anerkannt; zugleich aber enthält der Vertrag Festsetzungen, welche das Land unter die Schutzherrlichkeit Oesterreich-Ungarns stellen. Näheres s. bei F. von Martens, Völkerrecht, Deutsche Ausgabe von Bergbohm Bd. I. § 62 Nr, 5.

[27]) S. F. von Martens a. a. O. § 97.

Erster Abschnitt.

I. Im Allgemeinen.

Die Zulassung von Kriegsschiffen in die nationalen Gewässer [28]) fremder Staaten hängt von dem Ermessen der letzteren ab. In Ermangelung entgegenstehender vertragsmässiger Verpflichtungen hat jeder Staat das Recht, seine Häfen oder einzelne derselben fremden Kriegsschiffen zu verschliessen, beziehungsweise die Bedingungen festzusetzen, unter welchen er ein Einlaufen und den Aufenthalt gestatten will. Verbote und Einschränkungen nach dieser Richtung hin, soweit sie nicht auf internationaler Vereinbarung beruhen, werden in der Regel nur von der leitenden Regierungsgewalt, als der Trägerin der völkerrechtlichen Beziehungen ausgehen können.

II. Besondere Regeln bezüglich der Zulassung.

In einer grossen Reihe von Staatsverträgen sind über die reciproke Zulassung der Kriegsschiffe der kontrahirenden Theile Festsetzungen getroffen. Aber auch soweit solche Vereinbarungen nicht bestehen, steht grundsätzlich dem Einlaufen von Kriegsschiffen in fremde Hoheitsgewässer nichts entgegen. Im besonderen gilt folgendes:

1. Die als Durchfahrtsgewässer für den internationalen Verkehr dienenden Meerestheile, auch soweit dieselben innerhalb der nationalen Seegebiete liegen, sind für die Passage von Kriegsschiffen aller Nationen frei. Es beruht dies nicht auf einer Concession der adjacirenden Staaten, sondern auf dem Princip von der Freiheit des maritimen Verkehrs, mit welchem die freie Benutzung der die einzelnen Theile des Weltmeers verbindenden Seeverkehrswege unerlässlich verknüpft ist. Die Sperrung solcher Strassen ist fremden Kriegsschiffen gegenüber ebensowenig zulässig, wie eine Versagung der freien Durchfahrt für Handelsschiffe völkerrechtsgemäss sein würde. Denn beiden Kategorieen von Schiffen steht grundsätzlich der Verkehr in allen Meeren zu,

---

[28]) Ueber den Begriff „nationale Gewässer" s. Perels a, a. O. § 5.

eine Berechtigung, welche durch eine Einschränkung in der Benutzung derjenigen Meerengen, durch welche die freien Meere miteinander in Verbindung stehen, ganz oder zum Theil illusorisch gemacht werden würde [29]. Es schliesst dies indessen die Befugniss der Küstenstaaten zur Regelung des Verkehrs und zu sonstigen Vorbehalten im Interesse der öffentlichen Ordnung und Sicherheit oder im Finanzinteresse nicht aus.

2. Ebenso wie die Benutzung der internationalen Meeresstrassen steht auch den Kriegsschiffen aller Nationen das blosse **Vorüberfahren längs der Küstenmeere** innerhalb der Hoheitsgrenze zu.

3. Die **Häfen** und **Rheden** aller Staaten sind grundsätzlich fremden Kriegsschiffen geöffnet [30]. Diese Regel erleidet Einschränkungen nach folgenden Richtungen hin:

a) durch **besondere Verbote**, welche nur insoweit ausgeschlossen sind, als über die Zulassung von Kriegsschiffen fremder Flagge durch Staatsvertrag ein Abkommen getroffen ist. Verbote dieser Art erscheinen nur gerechtfertigt, sofern erhebliche Gründe dafür vorliegen; eine Darlegung der letzteren kann indessen von fremden Regierungen oder von den Kommandanten der Kriegsschiffe, welchen die Zulassung verweigert wird, nicht gefordert werden; handelt es sich aber nur um ein besonderer Umstände halber erlassenes Ausnahmeverbot, so darf eine Mittheilung der Gründe solcher Massregeln als ein Akt der internationalen Courtoisie in Anspruch genommen werden [31]. Auch soweit Verbote bestehen, wird in Fällen der Seenoth ein Einlaufen nicht versagt werden dürfen [32].

---

[29] Ueber die Begründung des Rechts der freien Passage in den maritimen Verbindungsstrassen s. bei PERELS a. a. O. § 15 VII.

[30] SURLAND, Grundsätze des europäischen Seerechts, § 580; WHEATON, Éléments du droit international, 5. Aufl. I. S. 119; TWISS a. a. O. § 158; CALVO, Dict. II. S. 15; FERGUSON a. a. O. I. § 105; KÖNIG, Handbuch des deutschen Konsularwesens, 3. Aufl. § 63.

[31] In dem Bericht der im Jahre 1876 von der britischen Regierung eingesetzten Royal commission on fugitive slaves heisst es: „Her Majestys Government could not deny to any foreign Sovereign the right to interdict the entrance of British ships of war in his ports"; weiter wird jedoch eine solche Ausschliessung bezeichnet als „extreme mesure necessary for the protection of national or private interests" (s. namentlich S. VII, XXVII u. XXVIII des Berichts).

[32] ORTOLAN a. a. O. I. S. 145; CANORIN, Abhandlungen von dem Wasserrechte, Nr. 10 §§ 15 und 34.

b) In Betreff der Zahl der Kriegsschiffe einer und derselben Flagge, welche gleichzeitig in einem fremden Hafen Aufenthalt nehmen dürfen, bestehen eine Reihe theils konventioneller, theils reglementarischer Einschränkungen [33]).

c) Die Zulassung fremder Kriegsschiffe in Kriegshäfen hängt, ebenso wie die Zulassung in die Hoheitsgewässer eines Staates überhaupt, von dem Ermessen der leitenden Staatsgewalt ab. In der Natur der Verhältnisse liegt es aber begründet, dass nach dieser Richtung hin mannigfache Verbote und besondere Einschränkungen bestehen, letztere namentlich bezüglich der Wahl des Ankerplatzes und der Dauer des Aufenthaltes. Soweit Kriegsschiffe in fremden Kriegshäfen zugelassen werden, pflegt ihnen dort jede thunliche Unterstützung geleistet zu werden [34]).

d) Während einer Blockade, d. h. der Absperrung eines Küstenbereiches oder einzelner Hafenplätze von dem maritimen Verkehr durch feindliche Seestreitkräfte, welche grundsätzlich für alle Schiffe verbindlich ist, hat man zuweilen neutralen Kriegsschiffen die Passage durch die Blockadelinie gestattet. Es beruht dies auf einer Konnivenz, gegen welche vom Standpunkte des Blockaderechts Bedenken aus dem Grunde nicht erhoben werden können, weil der wesentliche Zweck dieser Massregel, d. i. die Hinderung des kommerziellen Verkehrs, dadurch nicht beeinträchtigt wird [35]).

---

[33]) S. hierüber ORTOLAN a. a. O. I. S. 144.

[34]) Die Deutschen Kriegshäfen bei Kiel und an der Jade sind dem Besuch fremder Kriegsschiffe nicht verschlossen. — In österreichischen Kriegshäfen ist fremden Kriegshäfen das Einlaufen gestattet, jedoch nur auf den Zeitraum, welcher zur Deckung ihrer etwaigen Bedürfnisse erforderlich ist. S. das nähere in der Verordnung über den Zulass und die Behandlung der Kriegsschiffe befreundeter Nationen an den österreichischen Küsten vom 20. Mai 1866.

[35]) PERELS a. a. O. S. 273; ORTOLAN a. a. O. II. S. 329, 330; HALL A treatise on international law, 2. Aufl. § 265; GLASS, Proceedings of the United States Naval Institution vol. XI. Marine international law S. 454 ff., namentlich hinsichtlich der amerikanischen Praxis, welche mit Rücksicht darauf, dass einer neutralen Regierung die Kommunikation mit ,ihren Vertretern im Kriegsgebiet nicht versagt werden könne, einerseits und andererseits im Hinblick auf die Tendenz der Blockade, als einer Massregel gegen Kauffahrteischiffe, die Kriegsschiffe der Neutralen für eximirt von dem Verbot der Passage erachtet.

3. Die grundsätzliche Freiheit der Kriegsschiffe, in fremde Hoheitsgewässer einzulaufen, ist lediglich als eine Konsequenz der Freiheit des maritimen Verkehrs überhaupt aufzufassen. Sie schliesst daher nicht die Befugniss ein, von den Seehäfen aus Binnengewässer, insbesondere Fluss- und Kanalgebiete fremder Staaten zu befahren, selbst dann nicht, wenn solche Kanäle als Durchgangsstrassen für den Seeverkehr dienen. Hinsichtlich solcher Fahrten gelten vielmehr, in Ermangelung besonderer Vereinbarungen [36]) die Normen, welche für das Betreten fremden Landesgebietes durch Truppenkörper massgebend sind. Gleichermassen wie Heeresabtheilungen fremdes Staatsgebiet nur kraft besonderer Konvention oder nach eingeholter Genehmigung der auswärtigen Regierung betreten dürfen, ist auch das Einlaufen von Kriegsschiffen oder von Kriegsschiffsbooten in die Binnengewässer eines fremden Staates nur auf Grund eines besonderen Rechtstitels statthaft. Kann im Falle eines Nothstandes die Erlaubniss nicht erst nachgesucht werden, so wird dieselbe nachträglich und zwar sobald als thunlich einzuholen sein [37]). Kriegsfahrzeuge, welche nur für den Dienst auf Flüssen bestimmt sind, stehen bezüglich der Befugniss zum Befahren fremden Flussgebietes, Heeresabtheilungen ebenfalls völlig gleich [38]).

III. Konventionelle Verbote und Einschränkungen bezüglich der Zulassung von Kriegsschiffen für einzelne europäische Gewässer.

1. Den Kriegsschiffen aller Nationen sind in Gemässheit des Art. 29 des Berliner Vertrages vom 13. Juli 1878 verschlossen der Hafen von Antivari und alle zu Montenegro gehörigen Gewässer.

---

[36]) Eine solche Vereinbarung ist z. B. getroffen im Art. 16 des Freundschafts-, Handels- und Schifffahrtsvertrages zwischen den Staaten des Deutschen Zollvereins und Siam vom 7. Februar 1862.

[37]) In diesem Sinne setzt § 9 der deutschen Instruktion für den Kommandanten eines von S. M. Schiffen etc. fest: „Vor dem Einlaufen in Binnengewässer, soweit dieselben unter der Oberhoheit auswärtiger Mächte stehen, muss er (der Kommandant) die Erlaubniss der zuständigen Landesbehörden einholen. In Fällen zwingender Nothwendigkeit, wo diese Genehmigung nicht, abgewartet werden kann, muss dieselbe nachträglich beantragt werden". — S. auch österr. Regl. III. Nr. 1005.

[38]) S. PERELS a. a. O. S. 98 und 99 Anm. 2.

2. Die Verhältnisse des Schwarzen Meeres. In älteren Zeiten sah man das Schwarze Meer, weil es ganz von türkischem Gebiet eingeschlossen war, als Eigenthumsmeer der Türkei, später als gemeinschaftliches Eigenthum der Türkei und Russlands an. Von hervorragendster Bedeutung sind in diesem Jahrhundert die Festsetzungen des Pariser Friedensvertrages vom 30. März 1856, dessen Hauptziel, nämlich die Erlangung wirksamer Garantieen für die Aufrechterhaltung der Unabhängigkeit und Integrität des Ottomanischen Reiches Russland gegenüber, sich in ihnen am klarsten abspiegelte. Diese Festsetzungen, durch welche die Macht des niedergeworfenen Russlands der Türkei gegenüber auch für die Zukunft in empfindlichster Weise lahm gelegt werden sollte, lassen sich dahin zusammenfassen:

a) Das Schwarze Meer wird für neutral erklärt und mit seinen Gewässern und Häfen den Kauffahrteischiffen aller Nationen zum freien Handelsbetrieb geöffnet, für Kriegsschiffe aller Nationen einschliesslich der Uferstaaten dagegen dem Verkehr entzogen (Art. 11 und 12).

b) Ausnahmsweise wird es Russland und der Türkei freigestellt, für den Küstendienst eine beschränkte Anzahl kleinerer Kriegsfahrzeuge zu unterhalten, nämlich 6 Dampfer von 50 m Länge in der Wasserlinie und einem Maximalgehalt von 800 Tons und 4 leichte Dampfer oder Segelfahrzeuge mit einem Maximalgehalt von je 200 Tons (Art. 14 und Anhang II).

c) In Folge der Neutralisirung des Schwarzen Meeres wird die Erhaltung oder die Anlage militärisch-maritimer Arsenale an dessen Küsten als unnöthig und gegenstandslos erklärt, und verpflichten sich Russland und die Türkei, davon Abstand zu nehmen (Art. 13).

Die Bedeutung dieser Einschränkungen für die maritime Machtstellung Russlands liegt auf der Hand, und so erklärt es sich, dass die russische Regierung im Jahre 1870, sobald in Folge der deutschen Siege Frankreichs politischer Einfluss zeitweise lahm gelegt war, sich von denjenigen Festsetzungen des Pariser Vertrages, durch welche seine Souveränetätsrechte im Schwarzen Meer beeinträchtigt wurden, lossagte, insbesondere auch von der Specialkonvention zwischen Russland und der Pforte, welche der Bestimmung des Art. 14 zu Grunde lag. Zur Begründung wurde auch darauf hingewiesen, dass die betreffenden Stipulationen, wie überhaupt die Festsetzungen des Pariser Vertrages, vielfach von anderer Seite verletzt worden seien; u. a. wurde als solche Verletzung angedeutet die Zulassung eines österreichischen Geschwaders bestehend aus drei Kriegsschiffen, gelegentlich des Besuchs des Kaisers von Oesterreich, vor Konstantinopel (vgl. unter 4). Die Vertragsmächte, mit Ausnahme von Preussen, protestirten gegen das Vorgehen Russlands; Preussen regte aber eine Konferenz behufs Vermittelung an. Es führte dieser Vorschlag zu einer sogenannten Revision der Bestimmungen des Pariser Vertrages hinsichtlich der auf die Schifffahrt im Schwarzen Meer und auf der Donau bezüglichen Bestimmungen desselben. Das Resultat der zwischen den Vertragsmächten in London stattgehabten Konferenz ist enthalten in dem Vertrage vom 13. März 1871. Es wird in diesem Vertrage das Prinzip der Neutralität des Schwarzen Meeres fallen gelassen; die Art. 11, 13 und 14 und die Specialkonvention zu letzterem werden aufgehoben; die Freiheit des Seehandelsverkehrs für die Handelsschiffe aller Nationen wird von neuem ausgesprochen [39]).

3. In Gemässheit des Art. 19 des Pariser Friedensvertrages vom 30. März 1856 steht jeder der Vertragsmächte die Stationirung von zwei leichten Kriegsfahrzeugen an den Donaumündungen behufs Mitwirkung bei Aufrechthaltung und Durchführung des Donau-Schifffahrtsreglements zu. Die Stationsschiffe dürfen die Donau bis nach Galatz hinaufgehen (Art. 52 des Vertrages vom 13. Juli 1878 [40]).

---

[39]) Perels a. a. O. S. 31 bis 34. — Die in Rede stehenden Stipulationen sind durch den Berliner Vertrag vom 13. Juli 1878 nicht geändert (Art. 63).

[40]) Die Befehlshaber der Stationsschiffe haben ihre Mitwirkung auf die Kauffahrteischiffe ihrer Nationalität und auf diejenigen fremden Kauffahrteischiffe zu beschränken, deren Flaggen sie entweder in Folge von Verträgen oder Gewohnheiten, oder eines allgemeinen oder besonderen Auftrages zu schützen berufen sind. Ist kein hiernach zum Einschreiten befugtes Kriegsschiff vorhanden, so haben die internationalen Strandbehörden bezw. der Hafenkapitän die Intervention des in Sulina stationirten Kriegsfahrzeuges in Anspruch zu nehmen. Das Einschreiten der Kriegsfahrzeuge zur Sicherung der Zahlung der im Tarife bestimmten Abgaben und rechtskräftig erkannten Strafen erfolgt in der Regel auf Verlangen des Direktors der Schifffahrtskasse, durch Vermittelung des Hafenkapitäns von Sulina (Schifffahrtsakte für die Donaumündungen vom 2. November 1865). Die Stationsschiffe selbst sind beim Ein- und Auspassiren der Sulinamündung von jeder Abgabe frei (Art. 9 des Tarifs).

4. **Die Zugänge zum Schwarzen Meer.** Die Türkei hat stets das Recht in Anspruch genommen, den Kriegsschiffen aller Nationen das Einlaufen in den Bosporus und die Dardanellen zu untersagen, ohne dabei auf nennenswerthen positiven Widerstand gestossen zu sein. England insbesondere unterwarf sich in dem Friedensvertrage von 1809. Eine weitere Anerkennung erfolgte durch die Konvention vom 13. Juli 1841 und sodann durch Art. 10 des Pariser Friedensvertrages von 1856 in Verbindung mit der Anhangskonvention. Es wird hier zunächst ausgesprochen, dass die Signaturmächte sich der „alten Regel", nach welcher diese Meerengen fremden Kriegsschiffen verschlossen sind, so lange die Türkei sich im Friedenszustand befindet, unterwerfen, jedoch mit folgenden Modifikationen:

a) der Sultan behält sich das Recht vor, leichten Kriegsfahrzeugen für den Dienst der Gesandtschaften der befreundeten Mächte einen Passagefirman zu ertheilen;

b) ingleichen sind ausgenommen die beiden Fahrzeuge, welche jeder der kontrahirenden Theile nach der Donaumündung entsenden darf.

In dem Londoner Vertrage vom 13. März 1871 ist dieses Prinzip zwar aufrecht erhalten worden, aber mit der Massgabe, dass der Sultan die Machtvollkommenheit haben soll, die Meerengen in Friedenszeiten den Kriegsschiffen der befreundeten und alliirten Mächte zu öffnen, falls die hohe Pforte solches für nöthig erachten sollte, um die Ausführung der Stipulationen des Pariser Vertrages von 1856 sicher zu stellen [41]).

---

[41]) Pebels a. a. O. S. 35. -- Auch diese Bestimmungen werden durch den Berliner Vertrag vom 13. Juli 1878 nicht berührt. — In Betreff des Einlaufens der englischen Flotte in die Dardanellen während des russisch-türkischen Krieges im Jahre 1878 s. die Aktenstücke im Staatsarchiv Bd. 33 Nr. 6643 und 6645. — Im Jahre 1868 ertheilte die Hohe Pforte einem österreichischen Geschwader, auf welchem sich der Kaiser von Oesterreich eingeschifft hatte, die Genehmigung zur Passage durch die Dardanellen; bei dieser Veranlassung nahm der Sultan überhaupt für sich das Recht in Anspruch. eine solche Konzession zu ertheilen, sobald ein Souverän oder der Chef eines unabhängigen Staates an Bord eines Kriegsschiffes sei. In einer den Gegenstand erörternden Erklärung des österreichisch-ungarischen Reichskanzlers wurde ausgeführt, wie Kriegsschiffe, die bei einem Höflichkeitsbesuch lediglich zum Ehrendienst des Souveräns bestimmt sind, gewissermassen vorübergehend ihren vorwiegenden Charakter als Kriegsschiffe verlören (Daselbst Bd. 16 Nr. 3558 und Bd. 20 Nr. 4239). — Im März 1882 ertheilte die Pforte für den russischen Dampfer

5. Die Zulässigkeit einer Neutralisirung der Ostsee und
der Schliessung der in dieselbe führenden Meeresstrassen, des
Oeresundes und der Belte für Kriegsschiffe externer kriegführender
Mächte, nach Vereinbarung der neutralen Adjacenten, ist seit der
Mitte des vorigen Jahrhunderts wiederholt in Frage gekommen,
nachdem durch ein Abkommen zwischen Russland und Schweden,
welchem Dänemark beitrat, die Ostsee für ein allen Feindselig-
keiten verschlossenes Meer erklärt worden war. Die Berechtigung
einer solchen Sperrung kann nicht mit Fug bestritten werden,
wie sie denn auch von den hervorragendsten Publizisten anerkannt
worden ist, und es wird in jedem Kriegsfalle von dem Ermessen
der neutralen Ostseemächte abhängen, ob sie von ihrem Recht,
dieses Meer den Kriegsoperationen zu verschliessen, Gebrauch
machen wollen [42]).

Zweiter Abschnitt.

Verhalten und Behandlung der Kriegsschiffe während ihres Aufenthaltes in fremden Hoheitsgewässern.

Das Verhalten und die Behandlung der Kriegsschiffe in
fremden Hoheitsgewässern regelt sich theils nach Gebräuchen,
theils nach den bezüglichen von den einzelnen Staaten erlassenen
Anordnungen, deren Beobachtung als die Voraussetzung der Zulassung fremder Kriegsschiffe gelten muss, theils nach getroffenen
Vereinbarungen. Die in Rede stehenden Gebräuche und Festsetzungen betreffen namentlich folgende Punkte.

I. Das Verhältniss zu den fremden Behörden im Allgemeinen.

Das Verhältniss zu den politischen und sonstigen Behörden
befreundeter Nationen regelt sich zunächst nach den allgemeinen
Grundsätzen des internationalen Geschäftsverkehrs, insbesondere

Nischni-Nowgorod, welcher unter Kriegsflagge zur Deportirung Verurtheilte
mit militärischer Eskorte nach der Insel Sachalin zu führen hatte, die Ermächtigung, die Meerengen zu passiren, nachdem vorher unter Berufung auf den
Pariser Vertrag von 1856 Schwierigkeiten erhoben waren; sie erklärte aber
dabei ausdrücklich, dass dieses exceptionelle Zugeständniss nicht als Präcedenz-
fall angesehen werden könne.

[42]) S. näheres darüber bei PERELS a. a. O. S. 174 bis 177.

der Courtoisie, wobei stets der Gesichtspunkt leitend sein muss, dass das Kriegsschiff den Staat repräsentirt, dessen Flagge es führt. Für das Verhältniss zwischen Kriegsschiffen befreundeter Nationen zu einander sind namentlich die durch die Reglements der Einzelstaaten festgestellten Normen massgebend, welche zum grössten Theil auf Herkommen beruhend, in den Grundzügen sowie in den wesentlichen Einzelheiten übereinstimmen.

II. Anmeldung und Abmeldung.

Jedes Kriegsschiff hat die Verpflichtung, bei dem Besuche eines fremden Hafens oder dem Eintreffen auf einer fremden Rhede seine Ankunft der Hafenbehörde anzuzeigen. Diese Mittheilung muss die Angabe der Flagge, des Charakters und des Namens des Schiffes, sowie der Charge und des Namens des Kommandanten enthalten. Ausserdem werden auch wohl erwartet Angaben über die Armirung, die Besatzungsstärke, den Zweck und die voraussichtliche Dauer des Besuches, und nach Massgabe der Hafensanitätsgesetze über den Abgangsort, die Dauer der letzten Reise und den Gesundheitszustand der Besatzung, beziehungsweise die Vorlage eines Gesundheitspasses.

Der internationalen Courtoisie entspricht ferner eine Mittheilung von der bevorstehenden Abreise, auch soweit eine solche nicht ausdrücklich gefordert wird [43]).

III. Ceremoniell.

In ceremonieller Hinsicht gelten für das Verhalten der Kriegsschiffe in fremden Hoheitsgewässern bestimmte Regeln, welche zum Theil auf Usancen, zum Theil auf den bezüglichen, in der Regel sehr eingehenden Festsetzungen der Einzelstaaten beruhen, und deren Beobachtung zur Vermeidung von Konflikten durchaus geboten ist [44]). Werden von einer fremden Behörde an den Kom-

---

[43]) Das brasilianische Reglement vom 26. Dezember 1868 für den Hafen von Rio de Janeiro fordert die Anzeige für den Fall des Auslaufens nach Sonnenuntergang (Art. 7 und 8).

[44]) Jeder Staat hat das Recht, für den Bereich seiner Hoheitsgewässer das Ceremoniell nach seinem Ermessen zu regeln und die Beobachtung der bezüglichen Festsetzungen nöthigenfalls zu erzwingen. Selbstverständlich dürfen aber an fremde Schiffe keine Anforderungen gestellt werden, deren Erfüllung das Ansehen ihrer Flagge und ihres Heimathsstaates beeinträchtigen würde. S. PERELS a. a. O. §§ 25 und 26; FIORE a. a. O. I. § 439.

mandanten eines Kriegsschiffes in Bezug auf das Ceremoniell Anforderungen gestellt, deren Erfüllung er mit dem Ansehen seiner Flagge für nicht vereinbar erachtet, so wird er, falls eine entsprechende Gegenvorstellung keinen Erfolg hat, auf den Aufenthalt an dem betreffenden Platze verzichten [45]) und das Weitere der Erledigung auf diplomatischem Wege überlassen müssen.

Im besonderen kommen folgende Punkte in Betracht [46]):

1. In fremden Hoheitsgewässern haben Kriegsschiffe ihre Nationalflagge sowie die Kommandozeichen zu setzen, und beim Einlaufen in befestigte Häfen, ingleichen beim Passiren von Küstenbefestigungen, wenn auf den Werken die Nationalflagge weht, den Kanonengruss zu geben, jedoch nur, sofern dessen Erwiderung zu erwarten ist. Nichtbeobachtung dieser Regel kann, wenn der Hinweis durch einen blinden Schuss keinen Erfolg hat, erzwungen werden [47]). Der übliche Salut besteht in 21 Schüssen unter gleichzeitigem Setzen der Nationalflagge des Küstenstaates im Grosstop. Der Gegengruss erfolgt, und zwar Schuss für Schuss, durch eine gleiche Anzahl Kanonenschüsse. Kriegsschiffe, welche nicht mehr als 4 Geschütze haben, sind usancemässig nicht verpflichtet, den Kanonensalut zu geben; jedoch steht dessen Erweisung immerhin frei. Der Kommandant eines Kriegsschiffes, welches hiernach nicht in der Lage ist, zu salutiren, wird der betreffenden Lokalmarine- oder Militärbehörde eine entsprechende Anzeige machen.

2. Nach dem Einlaufen eines Kriegsschiffes in einen fremden Hafen finden die üblichen offiziellen Besuche und Gegenbesuche statt, an Bord verbunden mit ceremoniellen Empfang, beziehungsweise je nach dem Range des Besuches mit Kanonengruss.

---

[45]) FIORE a. a. O. I. § 442.

[46]) Ein Eingehen in die Details liegt ausserhalb des Rahmens unserer Erörterungen.

[47]) Die Anwendung von Zwang durch scharfes Schiessen, nach erfolgloser Aufforderung durch einen blinden Schuss oder einen Schuss à boulet perdu vor dem Bug des Schiffes vorbei, ist· in einzelnen Reglements ausdrücklich vorgeschrieben, so in der österr. Verordnung vom 20. Juni 1866 (§ 9), ferner in einem Erlass des spanischen Marineministers vom 26. August 1864 für die Befehlshaber der Forts von Tarifa und Isla Verde. In dem Betreff des näheren s. die Verordnung vom 20. Mai 1866, auch den Erlass der k. k. Seebehörde zu Triest vom 24. Februar 1876. — Für die Rhede und den Hafen von Kopenhagen enthalten die Verordnungen vom 6. November 1872, vom 24. April 1873 und vom 18. Oktober 1875 die einschränkenden Vorschriften.

3. Förmliche Betheiligung an nationalen Festlichkeiten auf fremden Rheden und in fremden Häfen durch Flaggensetzen, namentlich Hissen der Nationalflagge des Küstenstaates im Grosstop zu Ehren dieses Staates, Kanonensalut etc.[48]).

4. Salute zu Ehren fremder Souveräne und von Mitgliedern fremder regierender Familien, sowie von Präsidenten fremder Republiken und anderer Fremde von hohem Range, sobald sie in offizieller Eigenschaft an Bord kommen.

5. In fremden Hoheitsgewässern haben Kriegsschiffe alles zu vermeiden, was als eine Kränkung der betreffenden Nation ausgelegt werden könnte, und wenn nach dieser Richtung hin ein Versehen vorgekommen ist, solches zu entschuldigen. Eine solche Verletzung würde es z. B. sein, wollte der Kommandant an Bord ein Fest begehen lassen, durch welches ein früherer Sieg über die Nation, in deren Hoheitsgebiet man sich befindet, gefeiert werden soll. Auch die Anordnung der Flaggen bei der Flaggen-Gala der Schiffe hat zuweilen Anlass zu unerquicklichen Differenzen gegeben, so dass man es für erforderlich erachtet hat, auch hierüber besondere Normen aufzustellen. Allgemein wird es für unzulässig erachtet, eine Nationalflagge unterm Bugspriet zu setzen. In der französischen Marine sucht man Unannehmlichkeiten dadurch aus dem Wege zu gehen, dass man ausser der eigenen Nationalflagge nur Signalflaggen verwendet[49]).

IV. Beobachtung der Polizeigesetze.

Kriegsschiffe haben in fremden Hoheitsgewässern die dort geltenden allgemeinen polizeilichen Verordnungen, namentlich die hafenpolizeilichen Reglements und die Sanitätsvorschriften, und ferner die im Interesse der öffentlichen Sicherheit und Ordnung über ihr Verhalten erlassenen besonderen Bestimmungen zu beobachten[50]). Demgemäss haben die Kommandanten der Kriegs-

---

[48]) Einige Reglements, namentlich die Regulations for the Government of the United States Navy (Art. 707), enthalten in Betreff der Theilnahme an Festlichkeiten ausführliche Direktiven.

[49]) Perels a. a. O. S. 155.

[50]) De Cussy, Phases et causes célèbres du droit maritime des nations I. S. 146; Ortolan a. a. O. I. S. 192; Calvo, Droit intern. I § 622; Fiore a. a. O. I. § 53 c; österr. Regl. III. Nr. 1005; Queens Regulations § 416.

schiffe bei der Ankunft in ausländischen Häfen sich mit den für
dieselben geltenden polizeilichen Vorschriften bekannt zu machen,
dieselben auch, soweit erforderlich, der Besatzung mitzutheilen
und für die allseitige Beachtung Sorge zu tragen[51]).
Im einzelnen ist folgendes zu bemerken:
1. Von hervorragender Wichtigkeit sind die gesundheits-
polizeilichen Vorschriften. Der Kommandant soll sich mit
denselben womöglich schon im Abgangshafen bekannt machen.
Kriegsschiffe sind grundsätzlich den für Schiffe überhaupt erlassenen Quarantänevorschriften unterworfen[52]); sind die Kommandanten nicht geneigt, sich den letzteren beziehungsweise den auf
Grund derselben erlassenen Anordnungen und Anforderungen der
Hafen- oder Sanitätsbehörde zu fügen, so müssen sie sich die
Zurückweisung von dem betreffenden Platze gefallen lassen, ohne
daraus einen Grund zur Beschwerde herleiten zu können. Nur
die gegen die Verletzung der Quarantänevorschriften gerichteten
strafrechtlichen Bestimmungen können, in Folge der den Kriegsschiffen zustehenden Exemtion von jeder fremden Jurisdiktionsgewalt (s. dritter Abschnitt), denselben gegenüber keine Anwendung
finden. Der Natur der Verhältnisse nach befinden sich Kriegsschiffe
im übrigen insofern in einer günstigeren Lage wie Handelsfahr-
zeuge, als der Beginn der Quarantänefrist bei den letzteren erst
von dem Zeitpunkte der Löschung der Ladung ab gerechnet zu
werden pflegt, während für Kriegsschiffe lediglich der Zeitpunkt
der Ankunft oder der Desinfektion des Schiffes in Betracht kommt.
Abgesehen davon werden in Gemässheit der für einzelne Seegebiete oder Hafenplätze geltenden Vorschriften oder Gebräuche
Kriegsschiffen, nationalen sowohl wie fremden, gewisse Vergünstigungen eingeräumt. Es beruht dies weniger auf der Ausnahme-
stellung, auf welche Kriegsschiffe in fremden Hoheitsgewässern
kraft des Rechtszustandes der Exterritorialität Anspruch haben,
ein Verhältniss, welches die Unterordnung unter die dort gelten-

---

[51]) Deutsche Instruktion für den Kommandanten § 9; schwedisches
Regl. § 312.
[52]) Dies ist in einzelnen Regulativen besonders ausgesprochen, z. B. für
Grossbritannien in 6. Geo. IV. c. 78 vom 27. Juni 1825, in der österr. Verordnung vom 20. Mai 1866, § 4. — Die Vorschriften für die Deutsche Kriegsmarine sind enthalten in der Instr. für den Kommandanten, § 9 u. Anlage XIV
§ 94 und den Erlassen vom 24. Februar und 15. August 1879.

den Sanitätsgesetze keineswegs ausschliesst, als auf der Berücksichtigung, dass an Bord der für den internationalen Verkehr verwendeten Kriegsschiffe stets ein Arzt kommandirt ist, und ferner wohl auf der Erwägung, dass bei den nicht zum Waarentransport bestimmten Schiffen die Gefahr der Uebertragung ansteckender Krankheiten eine geringere ist [53]).

Solche Vergünstigungen sind namentlich:

a) Eine kürzere Quarantänefrist, in welche mitunter auch die Reisezeit seit dem Abgang von dem verdächtigen Platze eingerechnet wird, falls während der Reise Fälle von ansteckenden Krankheiten nicht vorgekommen sind, in dem letzteren Falle nach einzelnen Reglements selbst sofortige Zulassung der Besatzung zum freien Verkehr [54]).

b) Die Annahme einer Erklärung des Kommandanten in Betreff des Gesundheitszustandes an Bord als Zeugniss an Stelle des sonst vorgeschriebenen Gesundheitspasses [55]), d. h. eines von der Obrigkeit (Hafenbehörde) des Abgangsplatzes ausgestellten und von dem Konsul desjenigen Landes, zu welchem der Bestimmungshafen gehört oder von einem anderen dazu autorisirten Konsul visirten Attestes über den am Abgangsplatz rücksichtlich ansteckender Krankheiten herrschenden Gesundheitszustand. Die den Gesundheitspass ersetzende Erklärung des Befehlhabers des Kriegsschiffes wird zuweilen mit Bekräftigung durch Ehrenwort gefordert [56]).

c) Kriegsschiffe, welche Quarantäne halten müssen, werden in der Regel nicht verbunden, sich nach den für andere Schiffe bestimmten Quarantäneplätzen zu begeben, sondern es pflegt ihnen die Wahl des Ankerplatzes in angemessener Entfernung vom Lande freigestellt zu werden [57]).

---

[53]) Aus denselben Erwägungen werden zuweilen auch anderen Schiffen, auf welchen ein Arzt angestellt ist, wie namentlich Postdampfern, ferner den Yachten Vergünstigungen zugestanden.

[54]) BAKER, The law relating to quarantine, behandelt diese Verhältnisse sehr eingehend.

[55]) Schwedische Verordn. vom 8. April 1854.

[56]) Z. B. in Rhodus (BAKER a. a. O. S. 519); ferner türkisches Reglement vom 27. Mai 1840, § 26.

[57]) Schwedische Verordn. vom 8. April 1854; der Kommandant des Kriegsschiffes hat in diesem Falle die Erklärung auf Ehrenwort abzugeben, dass

d) Wegfall der Quarantäneabgaben [58]).

e) Wegfall einer Untersuchung der Sanitätsbehörde beim Abgang.

f) Gebührenfreie Ausstellung der Sanitätspapiere in den Abgangshäfen.

2. Zu den besonderen über das Verhalten der Kriegsschiffe bestehenden hafenpolizeilichen Vorschriften gehören namentlich auch die bezüglich der Löschung von Munition und sonstiger explosiver oder feuergefährlicher Materialien, zur Vermeidung der Gefährdung anderer Schiffe oder naher Gebäude, Waarenstapelplätze u. s. w. getroffenen Anordnungen.

V. Zollabfertigung.

Kriegsschiffe sind beim Einlaufen in fremde Hoheitsgewässer und während ihres Aufenthaltes daselbst, die Reciprocität vorausgesetzt, einer zollamtlichen Revision grundsätzlich nicht unterworfen [59]). Diese Exemtion fällt jedoch weg, soweit eine Ausschiffung von Gegenständen zum freien Verkehr erfolgt [60]).

während der Kontumaz keine Kommunikation der Schiffsbesatzung mit den Landbewohnern stattfinden wird.

[58]) Daselbst.

[59]) ORTOLAN a. a. O. I. S. 201 und Anhang E; FERGUSON a. a. O. I. § 105.

[60]) Für das Deutsche Reich ist die zollamtliche Behandlung fremder Kriegsschiffe durch folgende vom Bundesrath unterm 12. Oktober 1878 (Centralblatt für das Deutsche Reich S. 263) erlassenen Vorschriften geregelt:

a) Eine zollamtliche Revision der fremdherrlichen Kriegsschiffe, sowie überhaupt das Betreten derselben im Zollinteresse findet nicht statt.

b) Alle aus diesen Schiffen an das Land gebrachten Gegenstände (Waaren-, Mund- und Materialvorräthe, Inventarienstücke) unterliegen der zollamtlichen Behandlung nach den dieserhalb bestehenden Vorschriften, und sind zu dem Behufe, bevor sie in den freien Verkehr treten, dem Zollamte des Hafenortes anzumelden. Für Waaren u. s. w. wird dadurch, dass dieselben auf Schiffen einer fremden Kriegsmarine transportirt werden, eine Befreiung von der tarifmässigen Eingangsabgabe oder eine Ermässigung derselben nicht begründet.

, c) Der Transport von Gegenständen und Waaren von Land an Bord unterliegt keiner zollamtlichen Kontrole, es sei denn, dass dieselben mit dem Anspruch auf Steuervergütung ausgeführt werden, oder unter Zollanspruch stehen. In diesen Fällen sind die hierfür bestehenden Vorschriften massgebend; insbesondere muss den Zollbeamten Ueberzeugung verschafft werden, dass solche Gegenstände und Waaren wirklich an Bord der fremdherrlichen Kriegsschiffe gelangen.

Die Gewährung der Zollfreiheit der für fremde Kriegsschiffe eingehenden Approvisionnements ist vielfach üblich, beziehungsweise vereinbart. Sie ist jedoch, soweit eine Vereinbarung nicht besteht, lediglich von dem Ermessen der Einzelstaaten abhängig, und wird in der Regel an bestimmte im zollfiskalischen Interesse getroffene Bedingungen und Formalitäten geknüpft.

VI. Freiheit von Hafen- etc. Abgaben.

Die Freiheit der Kriegsschiffe, nationaler sowohl wie fremder, von Hafen-, Tonnen- und dergl. Abgaben, ist durch die bezüglichen tarifarischen Festsetzungen allgemein anerkannt[61]).

VII. Respektirung der besonderen Verhältnisse und Gebräuche der fremden Nation.

Kriegsschiffe haben in fremden Hoheitsgewässern die dort bestehenden Gebräuche, Einrichtungen und Sitten zu respektiren und alles zu vermeiden, was als eine Kränkung der fremden Nation ausgelegt werden kann. Entsprechende Rücksichten sind auch auf gleichzeitig anwesende Kriegsschiffe dritter Nationen zu nehmen. Es erstreckt sich diese Verpflichtung nicht nur auf die dienstlichen Anordnungen des Kommandanten und in Verbindung damit auf das Verhalten des Schiffes selbst, sondern nicht minder auf das Verhalten der gesammten Besatzung, namentlich auch während des ausserdienstlichen Aufenthaltes einzelner Personen am Lande[62]). Glaubt ein Kommandant, aus besonderen Gründen

---

[61]) FIELD a. a. O. § 411; FERGUSON a. a. O. I. § 105. — Für die Passage durch den Suezkanal gilt die Vorschrift, dass Kriegsschiffe, ingleichen Schiffe, welche für den Transport von Truppen erbaut oder gechartert sind, von der Nachsteuer befreit sind und keine höhere Abgabe zu entrichten haben, als den Maximalsatz von 10 Fr. pro Tonne, welcher von ihrer Register-Lastigkeit zu erheben ist. — In Betreff der Stationsschiffe in den Donaumündungen s. oben I. Abschn. III. 3. — Art. 22 der Generalakte der Berliner Konferenz vom 26. Februar 1885 enthält die Festsetzung der Kongo-Schifffahrtsakte: dass die in den Kongo einlaufenden Kriegsschiffe der Signaturmächte von Entrichtung der Schifffahrtsabgaben mit Ausnahme der Lootsen- und Hafenabgaben befreit sind, und dass sie auch die letzteren nicht zu entrichten haben, sofern ihre Intervention von der internationalen Kommission oder deren Agenten nachgesucht worden ist.

[62]) In diesem Sinne schreibt § 17 der Anlage I der deutschen Instruktion für den Kommandanten etc. vor: „Jeder (an Bord eines von S. M. Schiffen

sich nicht den bestehenden Verhältnissen fügen zu können, so wird er, zur Vermeidung von Konflikten, den fremden Hafen verlassen müssen [63]).

VIII. Ausrüstung und Reparaturen.

Soweit Kriegsschiffen der Besuch fremder Häfen nicht versagt ist, wird ihnen auch dort die Vornahme von Reparaturen, die Beschaffung von Ausrüstungsmaterial, die Einnahme von Proviant, Wasser, Kohlen u. dgl. m. gestattet. Es ist dies in zahlreichen Schifffahrtsverträgen besonders festgesetzt. Wo staatliche Etablissements vorhanden sind, wird deren Benutzung in der Regel gestattet, und bei Diensten, welche Seitens solcher Anstalten, namentlich von Marine-Werften und Ausrüstungsmagazinen fremden Kriegsschiffen geleistet werden, pflegen nur die Selbstkosten für Materialien und Arbeitsleistungen in Rechnung gestellt zu werden. Schon beim Einlaufen in Kriegshäfen pflegen nach allgemeinem Gebrauch Seitens des kommandirenden Offiziers fremden Kriegsschiffen die guten Dienste angeboten zu werden.

IX. Vornahme von Vermessungen.

Kriegsschiffe dürfen in fremden Hoheitsgewässern im engeren Sinne, d. h. in denjenigen, in welchen ihre Zulassung auf einer ausdrücklichen oder stillschweigenden Koncession beruht, Messungen (Lothungen, Peilungen etc.) nur soweit vornehmen, als dieselben für die Navigirung beim Ein- und Auslaufen dienen [64]).

---

und Fahrzeugen Eingeschiffte) hat die Religion, Sitten, Einrichtungen und Gebräuche derjenigen Völker und Nationen zu respektiren, mit welchen er in Berührung kommt". — Das österr. Regl. III. Nr. 1005 bestimmt: „Alles was das berechtigte Eigengefühl der fremden Nation, mit welcher man in Berührung tritt, verletzen könnte, muss streng vermieden werden; deren Sitten und Gebräuche, deren Religion und Einrichtungen müssen geachtet werden".

[63]) Fiore a. a. O. I § 442.

[64]) Die österr. Verordnung vom 20. Mai 1866 enthält im § 10 die Bestimmung: „Fremden Kriegsschiffen ist es nicht gestattet, Lothungen mit Booten und Aufnahmen in jenen Gewässern vorzunehmen, welche im Schussbereiche eines österreichischen befestigten Werkes liegen. Sollte ein fremdes Kriegsschiff eine solche Operation vornehmen, so ist dem betreffenden k. k. Stationskommandanten unverweilt die Anzeige zu erstatten und dieser hat den Kommandanten jenes Schiffes durch einen seiner Offiziere zu ersuchen, die begonnenen Arbeiten allsogleich einzustellen, widrigenfalls er mit Waffengewalt

In denjenigen Meerestheilen, welche als Durchfahrtsgewässer für den internationalen Verkehr dienen, auch soweit solche innerhalb der nationalen Seegebiete liegen, und in welchen die Passage den Kriegsschiffen aller Nationen ohne weiteres freisteht, wird denselben auch die Befugniss zur Vornahme von Vermessungen, welche über den Zweck der Orientirung für den besonderen Fall hinausgehen, nicht wohl versagt werden können (vgl. auch erster Abschnitt II, 1.)

X. Militärische Uebungen und Ausschiffung bewaffneter Mannschaften.

Militärische Uebungen ausserhalb des Bereiches des Kriegsschiffes, namentlich Schiessübungen,. Boots- und Landungsmanöver und Uebungen an der Küste dürfen ohne Genehmigung der zuständigen fremden Behörde nicht vorgenommen werden [65]. Förderlich für das gute Einvernehmen wird es sein, wenn eine solche Erlaubniss nur nachgesucht wird, sofern auf bereitwilliges Entgegenkommen zu rechnen ist. In den Durchfahrtsgewässern für den internationalen Verkehr steht der Vornahme solcher Manöver, welche diesen Verkehr nicht stören, nichts entgegen.

Auch bei dienstlichen Ausschiffungen des Personals zu anderen Zwecken als zu Uebungen wird die Erlaubniss der Landesbehörde zuvor einzuholen sein. Diese Erlaubniss wird nicht wohl versagt werden dürfen, wenn die Ausschiffung der Besatzung oder

---

daran zu verhindern wäre, welchem Akte ein dem betreffenden Kommandanten einzuhändigender schriftlicher Protest voranzugehen hätte. — In Plätzen, deren Vertheidigungsmittel ungenügend sind, um die Befolgung der bestehenden Gesetze von einem fremden Schiffe zu erzwingen, ist sich auf den blossen Protest zu beschränken, unverzüglich aber an die vorgesetzte Behörde die Meldung zu erstatten". — Das ital. Regl. (§ 48) untersagt gleichfalls die Vornahme hydrographischer Arbeiten an fremden Küsten ohne Genehmigung der Lokalbehörde. — Eine Koncession auf diesem Gebiet enthält Art. 8 des Handels-, Freundschafts- und Schifffahrtsvertrages zwischen dem Deutschen Reich und Korea vom 26. November 1883, welcher bestimmt: „Die koreanische Regierung wird Schiffen der Deutschen Kriegsmarine, die sich mit Vermessungsarbeiten in koreanischen Gewässern beschäftigen, alle möglichen Erleichterungen gewähren".

[65] Preuss. Minist.-Erlass vom 20. März 1868 (Allg. Marine-Befehl Nr. 148) und deutsche Instruktion für den Kommandanten etc., § 27; österr. Verordn. vom 20. Mai 1866, § 11 und Dienst-Regl. III, § 1005; Queens Regulations Art. 420; italien. Regl. Art. 48.

eines Theiles derselben durch nothwendige Reparaturen des Schiffes bedingt ist; jedenfalls wird in solchen Fällen auch ein Einvernehmen zwischen dem Befehlshaber des Kriegsschiffes und der Landesbehörde über die Modalitäten der Unterbringung des Besatzungspersonals am Lande zu treffen sein. Auch in Betreff der Vornahme von Beerdigungen an Bord verstorbener Personen mit militärischen Ehren an fremden Hafenplätzen sind mehrfach reglementarische Festsetzungen getroffen [66]).

XI. Ausserdienstlicher Verkehr der Besatzung am Lande.

Dem ausserdienstlichen Verkehr der Offiziere und Mannschaften von der Besatzung eines in einem fremden Hafen befindlichen Kriegsschiffes am Lande steht grundsätzlich nichts entgegen [67]). Es ist hierbei aber folgendes zu beachten:

1. Der fremden Staatsgewalt steht es frei, die Landungsstellen für die den Verkehr mit dem Lande vermittelnden Kriegsschiffsboote zu bestimmen [68]).

2. Wenn grössere Theile der Besatzung an Land beurlaubt werden, so hat der Kommandant die für die Aufrechthaltung der Ordnung an der Landungsstelle, namentlich beim Wiedereinschiffen, erforderlichen Anordnungen zu treffen [69]).

3. Es ist nicht üblich, dass Mannschaften, welche ausserdienstlich an Land gehen, Waffen tragen, soweit nicht etwa nach den obwaltenden Verhältnissen die persönliche Sicherheit solches erheischt. Jeder Staat hat auch die Befugniss festzusetzen, dass solche Mannschaften nur unbewaffnet an Land kommen dürfen [70]).

---

[66]) S. z. B. italien. Regl. Art. 32; schwed. Regl. § 93.

[67]) Das italien. Regl. (Art. 32) schreibt aber vor, dass Niemand die Erlaubniss erhalten soll, sich an Land zu begeben, bevor ein Einvernehmen mit den diplomatischen Vertretern bezw. dem Konsul oder mit der Ortsbehörde erfolgt ist.

[68]) Solche Bestimmungen sind mitunter auch generell getroffen, z. B. für den Hafen von Lissabon (Erlass des portug. Ministers der auswärt. Angelegenheiten vom 25. Mai 1867).

[69]) Nach den Queens Regulations (Art. 420) soll in solchen Fällen zuvor das Einverständniss der Ortsbehörde eingeholt werden.

[70]) Solche Festsetzung enthält z. B. § 12 der österr. Verordnung vom 20. Mai 1866.

XII. Auslieferung von Deserteuren[71]).

1. Wenn Mannschaften von der Besatzung eines Kriegsschiffes während des Aufenthaltes des letzteren in einem fremden Hafen von Bord entwichen sind, oder nachdem sie, sei es in dienstlicher Funktion sei es mit Urlaub, von Bord gegangen, über die Dauer ihrer dienstlichen Verrichtungen oder des Urlaubs hinaus eigenmächtig fern bleiben, so berührt ihre Festnahme die internationalen Beziehungen, sofern solche Personen sich innerhalb einer fremden Jurisdiktionssphäre aufhalten, d. h. am Lande oder an Bord eines Schiffes fremder Flagge. Hat sich ein Deserteur an Bord eines Kauffahrteischiffes seiner eigenen Nationalität geflüchtet, so ist der Befehlshaber des Kriegsschiffes, kraft der auch in auswärtigen Hafenplätzen ihm über dasselbe zustehenden Polizeigewalt, befugt, den Deserteur ohne weiteres an Bord jenes Schiffes festnehmen und an Bord des Kriegsschiffes transportiren zu lassen; es handelt sich in diesem Falle um eine interne Angelegenheit, durch welche die Hoheitsrechte des fremden Staates nicht berührt werden[72]).

2. Hat sich der Deserteur an Bord eines Schiffes fremder Flagge geflüchtet, oder hält er sich im Landgebiet des fremden Staates auf, so bedarf es, insofern er sich nicht freiwillig zur Rückkehr bereit findet, zu dessen Wiederhabhaftwerdung der Mitwirkung der fremden Behörde. Es handelt sich in derartigen Fällen jedoch nicht um eine Auslieferung im gewöhnlichen Sinne. Denn die Entweichung von Bord eines Kriegsschiffes ist ein militärisches Delikt, welches an sich die allgemeine Rechtssicherheit nicht berührt und auch niemals in Auslieferungsverträgen unter denjenigen Strafthaten mit aufgeführt ist, welche einen Auslieferungsantrag begründen können, wie überhaupt aus dem Wesen der internationalen Beziehungen ein rechtspolitisches Motiv für die internationale Assistenz in derartigen Fällen nicht hergeleitet werden kann. Dagegen erheischen die allgemeinen schiffahrtspolitischen Rücksichten eine Rechtshülfe auch nach dieser Richtung hin. Denn es ist in Friedenszeiten die Hauptaufgabe eines jeden in fremde Meere entsendeten Kriegsfahrzeuges, den Seehandel zu

---

[71]) Ausführlicheres hierüber s. in der. Abhandlung von PERELS, Auslieferung desertirter Schiffsmannschaften. 1883.
[72]) Italien. Regl. Art. 31.

schützen, und zwar beschränkt sich diese Aufgabe keinesweges
auf den Schutz der Handelsschiffe seiner eigenen Nationalität,
sondern sie hat einen weiteren Wirkungskreis; sie umfasst insbesondere die Befugniss, auf offener See da einzuschreiten, wo
die allgemeine Sicherheit in Frage kommt, und soweit dieselbe
bedroht ist, einen internationalen Rechtsschutz auszuüben. Es
hat mithin jeder Staat ein Interesse daran, dass der Aktions-
bereitschaft der zu solchen Aufgaben bestimmten Schiffe anderer
Nationen durch die Verminderung ihrer Besatzungen kein Ab-
bruch geschehe.

In der Praxis sowohl wie in der Wissenschaft haben diese
Gesichtspunkte Anerkennung gefunden. Insbesondere hat sich
auch das Institut de droit international mit dem Gegenstande
befasst gelegentlich der Vorarbeiten und Berathungen über das
Auslieferungsrecht [73]).

In der Natur der Verhältnisse liegt es, dass für die in derartigen Fällen zu gewährende Rechtshülfe nicht das für Auslie-
ferungen im allgemeinen vorgeschriebene, mit mannigfachen Formalitäten und Weiterungen verknüpfte Verfahren Platz greifen
kann; denn es würde sonst der Zweck in den meisten Fällen
nicht erreicht werden. Insbesondere werden ausgeschlossen bleiben
müssen: eine diplomatische Vermittelung, eine gerichtliche Requisition, ein richterlicher Haftbefehl, ein kontradiktorisches Verfahren vor dem Gericht des Zufluchtstaates [74]). Dementsprechend

---

[73]) Der Referent hob hervor: „Les graves conséquences dont ce fait (désertion des marins) peut être la cause, exigent, qu'il soit promptement réprimé.
Dans la pratique générale, l'extradition n'est seulement accordée, elle a lieu
suivant une procédure sommaire". Der Korreferent bemerkte: „A notre avis,
la distinction faite, entre la désertion dans l'armée proprement dite, et la désertion dans la marine, ne s'explique que par des motifs d'utilité pratique, et
non par des motifs de justice; le fait du matelot d'un navire de commerce qui
quitte son bord, nous semble moins grave que celui du soldat, qui abandonne
son drapeau, peut-être en face de l'émeute ou de l'ennemi". Das Institut hat
in der Folge in der Sitzung von Oxford (1880) unter Nr. XVI die Resolution
angenommen: „L'extradition ne doit pas s'appliquer à la désertion des mili-
taires appartenant à l'armée de terre ou de mer, ni aux délits purement mili-
taires. — L'adoption de cette règle ne fait pas obstacle à la liv-
raison des matelots appartenant à la marine d'État ou à la marine
marchande". Annuaire de l'Institut de droit intern. 1879/80 I. S. 220, 258;
1882 S. 122, 129.

[74]) S. hierüber Ortolan a. a. O. I. S. 307, 308, 313, 314.

ist auch durch zahlreiche internationale Vereinbarungen, insbesondere in Schifffahrts- und in Konsularverträgen, die Verpflichtung zur Auslieferung von Kriegsschiffs-Deserteuren ausdrücklich stipulirt und das hierbei zu beobachtende Verfahren geregelt.

Eine völkerrechtliche Verpflichtung zur Festnahme und Auslieferung von solchen Deserteuren kann freilich nur soweit behauptet werden, als eine solche ausdrücklich vereinbart ist, und zwar darf angenommen werden, dass wenn in einer Vereinbarung über Auslieferung desertirter Schiffsmannschaften von Deserteuren im allgemeinen die Rede ist, darunter Deserteure von Kauffahrteischiffen sowohl wie von Kriegsschiffen ·zu verstehen sind. Aber auch soweit Vereinbarungen über die Auslieferung von Deserteuren nicht bestehen, ist es keinesweges ausgeschlossen, dass die Ortspolizeibehörde einem an sie gerichteten Ersuchen des Schiffskommandos oder des Konsuls um Festnahme und Auslieferung eines Deserteurs ohne weiteres Folge giebt; in der Praxis geschieht dies allermeist.[75])

3. In Betreff der Auslieferung von Deserteuren, welche sich im fremden Staatsgebiet aufhalten, gelten, nach dem Inhalt der bezüglichen in allen wesentlichen Punkten übereinstimmenden internationalen Vereinbarungen, folgende Regeln:

a) Das Ersuchen um Auslieferung erfolgt durch Vermittelung des Konsuls in schriftlicher Form. Der Requisition des Schiffskommandos wird eine Personalbeschreibung beizufügen sein[76]).

b) Ist die Festnahme erfolgt, so wird der Deserteur dem Konsul zur Verfügung gestellt, und falls das Kriegsschiff den betreffenden Platz bereits verlassen hat, auch kein anderes Kriegsschiff derselben Flagge, an welches ohne weiteres die Ablieferung erfolgen kann, zur Stelle ist, auf Kosten des Konsulats bei demselben oder bei der Ortspolizeibehörde in Gewahrsam gehalten, bis dass sich Gelegenheit zur Ueberführung an Bord eines solchen Kriegsschiffes oder zur Heimsendung durch ein anderes Schiff findet. Jedoch ist die Dauer der Detention bei der fremden

---

[75]) S. auch Regulations for the Government of the United States Navy von 1870. Art. 1008.

[76]) Für die Kaiserl. Deutsche Marine s. § 26 der Instr. für den Kommandanten etc., § 28 des Gesetzes, betr. die Organisation der Bundes-Konsulate etc. vom 8. November 1867, und Allg. Dienst-Instr. für die Konsuln vom 6. Juni 1871 zu § 28 cit.

Behörde limitirt[77]), und eine Wiederverhaftung aus derselben Veranlassung unstatthaft. Die bevorstehende Freilassung des Detinirten pflegt dem Konsul drei Tage vorher angezeigt zu werden.

c) Wenn der Deserteur in dem Staatsgebiet in welchem er ergriffen wird, eine strafbare Handlung begangen hat, so wird die Auslieferung ausgesetzt, bis dieserhalb eine Aburtheilung beziehungsweise der Strafvollzug erfolgt ist.

d) Nicht ausgeliefert werden Personen, welche Angehörige des Landes sind, in welchem ihre Ergreifung erfolgt ist; ist ihre Nationalität von vornherein bekannt, so wird eine Festnahme gar nicht erfolgen. Diese Beschränkung ist in der Regel schon in den Konventionen ausdrücklich festgesetzt; aber auch wenn es nicht zum Ausdruck gebracht ist, existirt in derartigen Fällen eine Pflicht zur Auslieferung nicht. Auch nach dem Landesrecht der modernen Staaten ist eine Auslieferung Staatsangehöriger in der Regel ausgeschlossen. Das Strafgesetzbuch für das Deutsche Reich bestimmt im § 9: „Ein Deutscher darf einer ausländischen Regierung zur Verfolgung oder Bestrafung nicht überliefert werden". Aber auch wenn der fremde Staat auf die Strafverfolgung verzichten wollte, dürfte nach der ratio dieses den Anschauungen des modernen Völkerrechts entsprechenden Grundsatzes eine Auslieferung nicht für statthaft zu erachten sein[78]). Abgesehen von dieser Einschränkung ist es ohne Belang, ob der Reklamirte der Nation angehört, deren Flagge das Schiff führt oder nicht[79]).

e) Liegt ausser der Desertion gegen das betreffende Individuum eine Strafthat vor, welche an sich den Anspruch auf Auslieferung nicht begründen würde, so kann demjenigen Staate, welcher den Deserteur ausliefert, das Recht nicht versagt werden, an die Auslieferung die Bedingung zu knüpfen, dass wegen jener konkurrirenden Strafhandlung eine Strafverfolgung nicht eintrete.

4. In keinem Falle steht dem Kommandanten eines Kriegsschiffes die Befugniss zu, auf eigene Autorität an Bord eines Schiffes fremder Nationalität Recherchen zur Ermittelung oder

---

[77]) In der Regel auf mehrere Monate.

[78]) S. auch Allg. Dienstinstruktion für die Kaiserlichen Konsuln vom 23. Februar 1873 zu § 34.

[79]) FIELD a. a. O. Anmerk. zu § 241.

Festnahme eines Deseurteurs vornehmen zu lassen [80]). Hat der
Kommandant Grund anzunehmen, dass sich ein Mann von der
Besatzung seines Schiffes an Bord eines Kauffahrteischiffes fremder
Flagge geflüchtet hat, so wird die Festnahme ebenfalls durch
Vermittelung des Konsuls bei der Lokalbehörde in Antrag zu
bringen sein, welche eventuell unter Zuziehung des Konsuls der
Nation, dessen Flagge das Zufluchtsschiff führt, die Festnahme
und Auslieferung herbeiführen wird [81]). Hat sich ein Deserteur
an Bord eines fremden Kriegsschiffes geflüchtet, so ist das Ersuchen um Auslieferung an den Kommandanten des letzteren
beziehungsweise an den ältesten anwesenden kommandirenden
Offizier der betreffenden Flagge zu richten, welcher, soweit nicht
etwa besondere Umstände entgegenstehen, bei Zusage der Reciprocität, jenem Ersuchen unbedenklich stattgeben wird.

5. Eine Kollision der in Rede stehenden internationalen Verpflichtungen kann eintreten, wenn ein Individiuum an einem und
demselben Platze successive von mehreren Schiffen verschiedener
Flaggen entwichen ist und Seitens der betreffenden Konsuln auf
Grund der bestehenden Konventionen die Ortsbehörde um Auslieferung angegangen wird. Ist die Entweichung in dem einen
Falle von Bord eines Kriegsschiffes, in dem anderen von Bord
eines Kauffahrteischiffes erfolgt, so würde, da nach dem Wesen
der internationalen Beziehungen den Interessen der Staatsgewalten
in höherem Grade Rechnung getragen werden muss, als denjenigen
des kommerziellen Verkehrs, ohne Rücksicht auf sonstige Umstände, der Requisition um Auslieferung an Bord des Kriegsschiffes
stattzugeben sein. Ist die Entweichung von Kriegsschiffen ver-

---

[80]) Ein ausdrückliches Verbot nach dieser Richtung enthalten die Queen's
Regulations im Art. 368, woselbst es heisst: „Her Majesty's Officers are not
authorised to send on board of Foreign Ships to take from her any British
Seaman against the will of the Foreign Commander" und weiter: „No Officer
of her Majesty shall in any case search any Foreign Ship for any Naval De-
serter or Deserters. This prohibition applies wether such Vessel be in Foreign
Waters or elsewhere". — Die Regulations for the Government of the United
States Navy setzen im Art. 1091 fest: „In no case shall force be used to
recover deserters abroad, either from the shore or from foreign ships; but
officers may be sent to either shore or ships to identify deserters". — S. auch
schwed. Regl. § 91 Z. 1.

[81]) S. auch Allg. Dienstinstruktion für die Kaiserlichen Konsuln vom
23. Februar 1873 zu § 33, Schlusssatz.

schiedener Flaggen erfolgt, so würde die Kollision wohl am
zweckmässigsten durch Berücksichtigung der Priorität des Aus-
lieferungsantrages gelöst werden. Indessen würde es füglich auch
nicht als unzulässig erachtet werden können, den festgenommenen
Deserteur für dasjenige Schiff zur Verfügung zu stellen, von
welchem er zuerst entwichen war. Besteht aber mit der einen
Nation eine Vereinbarung über die Auslieferung von Schiffsdeser-
teuren, mit der anderen nicht, so wird unter allen Umständen dem
Auslieferungsantrage des Vertreters der ersteren Folge zu geben sein.

XIII. Konflikte mit fremden Behörden und Interventionen.

Geräth der Kommandant eines Kriegsschiffes mit einer ausländischen Behörde in Konflikt, so hat er die Verfolgung der
Angelegenheit durch die ordentliche Vertretung seines Staates,
d. i. den diplomatischen Repräsentanten oder den Konsul zu veranlassen, und ist nur da ermächtigt, selbständig zu handeln, wo
ein solcher Vertreter entweder nicht existirt, oder ein sofortiges
Handeln durchaus nothwendig ist, ohne dass zuvor dessen Vermittelung angegangen werden kann. Es ist für alle derartige
Fälle festzuhalten, dass ein Kriegsschiff im Auslande die bewaffnete Macht seines Heimathsstaates nicht aber dessen souveräne
politische Gewalt repräsentirt. Es kann daher in Ermangelung
einer Ermächtigung nur unter besonderen Umständen eine selbst-
ständige Aktion von Seiten des Befehlhabers eines Kriegsschiffes
in Scene gesetzt werden, nämlich, um die Ehre der Flagge zu
wahren, und in dringenden Fällen, sobald es sich um die Gewährung von augenblicklichem Schutz bei ernster Gefährdung von
Angehörigen seiner Nation handelt [82]).

Auch die Entscheidung über die Art und die Grenzen des
Einschreitens kann zu Schwierigkeiten führen, welche nur soweit
wegfallen, als der Kommandant nach bestimmten Direktiven zu
handeln hat. Für die militärische Durchführung der Aktion liegt
ihm die alleinige Bestimmung und Verantwortlichkeit ob, und
werden hierbei folgende Normen leitend sein:

1. Die Ehre der Flagge muss unter allen Umständen gewahrt
werden; es muss desshalb auch namentlich ein angefangenes
Unternehmen mit Daransetzung aller Kräfte zu Ende geführt

---

[82]) S. PERELS, intern. Seerecht S. 158, 159.

werden. Unverrichteter Sache abziehen schädigt das Ansehen der Flagge und mithin die Würde der Nation in schlimmster Weise.

2. Es soll Gewalt nur im äussersten Falle und nicht mehr Gewalt angewendet werden, als zur Erreichung des gestellten Zieles erforderlich ist. Die Gewalt ist überhaupt das äusserste zulässige Mittel des Einschreitens und daher nur anzuwenden, wenn die anderen Mittel erschöpft sind, insbesondere, wenn die fremde Regierungsgewalt die verlangte Remedur hartnäckig verweigert oder ohnmächtig ist, eine solche zu leisten. Momentan werden zwar in den meisten Fällen Gewaltaktionen die Wirkung nicht verfehlen; ob dadurch aber dauernde Vortheile erlangt werden, ist eine ganz andere Frage. Die Erfahrung hat gelehrt, dass häufig die blosse Anwesenheit eines Kriegsschiffes, verbunden mit einem bestimmten Auftreten, welches in Betreff der eventuellen Entschliessungen keinen Zweifel liess, hinreichte, Abhülfe zu schaffen [83]).

Dritter Abschnitt.
Kriegsschiffe kriegführender Mächte.

I. Allgemeine Gesichtspunkte.

Das Gebiet für die kriegerische Aktion umfasst das offene Meer und die Hoheitsgewässer der kriegführenden Staaten. Neutrales Seegebiet ist der kriegerischen Aktion verschlossen. Diese Regel ergibt sich unmittelbar aus den allgemeinen Grundsätzen des Kriegsrechts. Sie ist aber nicht minder bedingt durch die Verhältnisse des freien Seeverkehrs im allgemeinen und der berechtigten Interessen der Neutralen im besonderen. Denn ständen neutrale Gewässer der kriegerischen Aktion offen, so würde nicht nur der friedliche Verkehr in denselben auf das empfindlichste

---

[83]) PERELS, intern. Seerecht § 29 I. — Die Deutsche Instruktion für den Kommandanten bestimmt in den §§ 13 und 14: „Geräth ein Kommandant in irgend einen Konflikt mit Behörden irgend eines fremden Staates, so hat er dem Konsul oder diplomatischen Vertreter des Deutschen Reichs die weitere Verfolgung der Angelegenheit zu übertragen und selbstverständlich an seine vorgesetzte Behörde zu berichten. Wird irgendwie ein augenblickliches Einschreiten durchaus erforderlich, so hat er die Vorschriften des maritimen Völkerrechts in Betracht zu ziehen und bei seinen Massnahmen nicht ausser Acht zu lassen, dass ihm die ganze Verantwortlichkeit für die Folgen verbleibt". S. auch PERELS a. a. O. Anlage G. — Vgl. ferner Queens Regulation Art. 417 ff., österr. Regl. III Nr. 57 und 1006; italien. Regl. Art. 13.

beeinträchtigt werden, sondern es würde damit auch stets eine ernste Gefährdung des Küstenlandes, insbesondere der Hafenplätze der Neutralen verbunden sein. Jeder neutrale Staat hat demgemäss das Recht, nicht minder aber in Gemässheit der Grundsätze über die Stellung der Neutralen die Pflicht, für die Wahrung der Integrität der seiner Hoheit unterworfenen Seegebiete ebenso einzutreten, wie für die Respektirung des seiner Souveränetät unterworfenen Landgebietes, und Eingriffe der Kriegführenden mit allen ihm zu Gebote stehenden Machtmitteln zurückzuweisen. Hieraus, in Verbindung mit den besonderen Verhältnissen des maritimen Verkehrs, ergeben sich die Regeln über das Recht von Kriegsschiffen der Kriegführenden zum Einlaufen in neutrale Hoheitsgewässer und über ihr Verhalten daselbst.

II. Aufenthalt im neutralen Gebiet.

1. Das blosse Vorüberfahren von Kriegsschiffen der Kriegführenden längs der Küste eines neutralen Staates, auch innerhalb der Hoheitsgrenze, wird allgemein für zulässig erachtet. Es handelt sich hier nicht um eine Passage durch Gebiet, welches dem neutralen Staat ausschliesslich und eigenthümlich gehört, wie seine Häfen, Rheden, Binnenmeere u. s. w., sondern um einen Theil des offenen Meeres, der nur, und zwar bis auf Kanonenschussweite, seinem imperium unterworfen ist, im Uebrigen aber der Seefahrt aller Nationen offen steht. Hier sind auch bei der blossen Passage Unzuträglichkeiten und Störungen des maritimen Verkehrs nicht zu besorgen[84]).

2. In Betreff des Einlaufens in neutrale Häfen und des Aufenthaltes daselbst gilt als Grundsatz: Kein neutraler Staat ist verpflichtet, jeder aber berechtigt, den Kriegsschiffen der Kriegführenden den Aufenthalt in den seiner Souveränetät unterworfenen Gewässern zu gestatten, mit der Maassgabe jedoch, dass bezüglich des Asylrechts weitere Koncessionen als die in Friedenszeiten üblichen, beziehungsweise vertragsmässig festgesetzten, nicht gemacht werden dürfen, und dass eine Neutralitätspflichtverletzung vorliegen würde, wenn eine neutrale Regierung ihre Häfen dem einen Kriegführenden verschliessen, dem anderen offen lassen wollte[85]). Ferner soll in Fällen der Seenoth ein Asyl niemals versagt werden.

[84]) ORTOLAN a. a. O. II. S. 284 f., PERELS a. a. O. S. 225.
[85]) GESSNER, Le droit des Neutres sur Mer, 2. Aufl. S. 76, 77.

Die Abweichung von der allgemeinen Kriegsrechtsregel, nach welcher Streitkräfte der Kriegführenden neutrales Gebiet nicht betreten dürfen, bei Vermeidung der Entwaffnung und Internirung, beruht in den besonderen Verhältnissen des Seeverkehrs und mit in dem Umstande, dass Kriegsschiffe stets, und wo sie auch immer sein mögen, einen integrirenden Theil des Territoriums ihres Heimathsstaates repräsentiren. Auch für Friedenszeiten gilt ja diese Anomalie; denn während Heeresabtheilungen das Betreten und Passiren fremden Landesgebietes auch im Frieden nur kraft besonderer Bewilligung zusteht, sind den Kriegsschiffen in Friedenszeiten die Seehäfen aller Nationen grundsätzlich geöffnet[86]).

Wenn es hiernach jedem neutralen Staate freisteht, seine Gewässer den Kriegsschiffen der Kriegsparteien zu verschliessen, und die Neutralen zur Wahrung ihrer eigenen Sicherheit beziehungsweise aus politischen Rücksichten nicht selten von diesem Rechte Gebrauch gemacht haben, so bildet der Ausschluss doch nicht die Regel. Vielmehr pflegen sich die neutralen Regierungen darauf zu beschränken, diejenigen Modalitäten festzusetzen, unter welchen sie den Kriegsschiffen der Kriegführenden den Aufenthalt in den ihrer Souveränetät unterworfenen Gewässern gestatten, und diese Bedingungen in Neutralitätserklärungen zu publiziren. Kriegsschiffe, welche den neutralerseits erlassenen Anordnungen zuwider in neutrales Gebiet einlaufen oder sich darin länger aufhalten als nach jenen Anordnungen gestattet ist, werden, nöthigenfalls unter Anwendung von Zwang, zurück- oder auszuweisen sein[67]).

3. Streitig ist die Frage, ob die Gewährung von Zuflucht an ein vom Feinde angegriffenes oder verfolgtes Schiff als eine völkerrechtswidrige Begünstigung zu erachten sei. Wir glauben, diese Frage verneinen zu sollen, und zwar ohne die Einschränkung, dass die Zuflucht, nach Analogie der bezüglichen Regel des allgemeinen Kriegsrechts, nur mit der Maassgabe zu gewähren sei, dass das dieselbe in Anspruch nehmende Schiff abrüstet und bis zur Beendigung des Krieges in dem neutralen Hafen zu bleiben sich verpflichtet und dass die Besatzung sich verbindlich macht, nicht ferner an dem Kriege theilzunehmen[88]). Eine derartige

---

[86]) Perels a. a. O.

[67]) Während in der Regel eine Zeitbeschränkung nicht festgesetzt ist, wird nach einzelnen neueren Neutralitätserklärungen (ausser für den Fall der Seenoth) nur ein 24stündiger Aufenthalt gestattet.

[88]) S. auch Gessner a. a. O. S. 78; von Kaltenborn, Grundsätze des

Einschränkung würde selbst in dem Falle nicht als gerechtfertigt zu erachten sein, dass den Schiffen der Kriegführenden das Einlaufen in die Gewässer des neutralen Staates oder in den betreffenden Hafen verboten war, weil ein solches Verbot sich im Zweifel füglich nur auf das ungezwungene Einlaufen bezieht.

III. Verhalten im neutralen Gebiet.

1. Die Normen, welche die in neutrale Gewässer zugelassenen Kriegsschiffe der Kriegführenden zu beobachten haben, gründen sich auf die allgemeine Regel, dass das neutrale Gebiet der kriegerischen Aktion verschlossen ist, und auch nicht ein Ausgangspunkt für kriegerische Unternehmungen sein soll[89]). Auch soweit die von den einzelnen Mächten erlassenen Neutralitätserklärungen nicht bestimmte Verbote und Einschränkungen dieser Art enthalten, bildet die vorgedachte Regel die Grundlage für das Verhalten der Kriegsschiffe von Kriegführenden bezw. für ein Einschreiten der neutralen Regierungen gegen Missbrauch des Asylrechts.

2. Im allgemeinen werden als zulässig zu erachten sein Vornahmen, welche die Seefahrt als solche, nicht die eigentliche kriegerische Aktion betreffen, insbesondere also: nothwendige Reparaturen des Schiffes, Einnahme von Kohlen, Proviant und Wasser. Aber auch nach dieser Richtung hin enthalten einzelne Neutralitätserklärungen Einschränkungen[90]).

---

praktischen europäischen Seerechts, II, S. 34, 35; WOOLSEY, Introduction in the study of international law, 4. Aufl., § 158.

[89]) In diesem Sinne heisst es in der britischen Neutralitätsproklamation vom 19. Juli 1870: „During the continuance of the present state of war, all ships of war of either belligerent are prohibited from making use of any port or roadstead in the United Kingdom of Great Britain and Ireland, or in the Channel Islands, or in any of Her Majesty's colonies or foreign possessions or dependencies, or of any waters subject to the territorial jurisdiction of the British Crown, as a station, or place of resort, for any warlike purpose, or for the purpose of obtaining any facilities of warlike equipment." Entsprechend auch die Proklamation des Präsidenten der vereinigten Staaten von Nordamerika vom 8. Oktober 1870.

[90]) In dem britischen Erlass vom 19. Juli 1870 werden nothwendige Reparaturen und die Einnahme des für die Erhaltung der Besatzung erforderlichen Proviants ausdrücklich gestattet, ingleichen die Beschaffung von Kohlen, jedoch keines grösseren Quantums als erforderlich ist, um mit dem Schiff den nächsten heimathlichen Hafen zu erreichen, ferner keine wiederholte Einnahme von Kohlen in einem britischen Hafen, ohne Specialerlaubniss, vor Ablauf von

3. Unstatthaft ist die Einnahme von Waffen und Munition aller Art, sowie jede anderweite Vornahme, welche zur Ergänzung der Kriegsausrüstung dient [91]), ferner die Ergänzung der Besatzung. Die Neutralitätserklärungen enthalten meistens auch das Verbot, fremden Kriegsschiffen für solche Vornahmen behülflich zu sein. Ingleichen ist eine Anerkennung der in Rede stehenden Regel erfolgt im Artikel VI des zur Erledigung des Alabama-Streites zwischen Grossbritannien und den Vereinigten Staaten von Nordamerika zu Washington abgeschlossenen Vertrages vom 8. Mai 1871, woselbst es heisst: „A neutral Government is bound: 1° — —; 2°. not to permit or suffer either belligerent to make use of its ports or waters as the base of naval operations against the other, or for the purpose of the renewal or augmentation of military supplies or arms, or the recruitment of men; 3°. to exercise due diligence in its own ports and waters, and, as to all persons within its jurisdiction to prevent any violation of the foregoing obligations and duties". Diese Normen sollten der schiedsrichterlichen Entscheidung des Streites als rechtliche Grundlage dienen, und auch in Zukunft für die kontrahirenden Theile leitend sein.

4. In Betreff der Unzulässigkeit militärischer Aktionen gilt im besonderen folgendes:

a) Da die neutralen Gewässer nicht als Ausgangspunkt für die maritimen Operationen wider den Feind dienen sollen, so ist auch die unmittelbare Verfolgung eines das neutrale Seegebiet verlassenden feindlichen Schiffes, insofern darin der Beginn einer Aktion gegen den Feind liegt, unzulässig. Es ist in diesem Sinne vielfach reglementarisch verordnet, in neuerer Zeit auch konven-

---

3 Monaten nach der letzten Einnahme. Aehnlich die nordamerikanische Proklamation vom 8. Oktober und der spanische Erlass vom 26. Juli 1870 Die niederländische Erklärung vom 20. Juli 1870 gestattet die Beschaffung von Lebensmitteln und Kohlen, soweit solche zur Reise nach dem nächstbelegenen heimathlichen Hafen gebraucht werden. Die italienische Verordnung vom 6. April 1864 (26. Juli 1870) gestattet nur die Einnahme von Approvisionnements und von Material zu Reparaturen soweit, als solche zur Erhaltung der Besatzung oder für die Sicherheit der Schifffahrt durchaus erforderlich sind, und enthält ferner die Einschränkung, dass Steinkohlen erst 24 Stunden nach der Ankunft verabfolgt werden sollen.

[91]) Azuni, Sistema universale dei principii del diritto marittimo dell' Europa, II, S. 290 u. 292.

tionell festgesetzt worden und darf als eine Regel des internationalen Rechts aufgestellt werden: dass ein Kriegsschiff, welches
sich in einem neutralen Hafen befindet, nicht gleichzeitig mit
einem Schiffe des Gegners in See gehen, dass es vielmehr diesen
Hafen erst verlassen darf, nachdem 24 Stunden von jenem Zeitpunkte ab verflossen sind, und nicht früher, als bis das feindliche
Schiff aus Sicht gekommen ist, sowie dass der neutrale Staat die
Pflicht hat, soweit es in seiner Macht steht, für die Beobachtung
dieser Regel einzutreten. Dem nachfolgenden Auslaufen steht
aber, da nur die Verfolgung des absegelnden Feindes unzulässig ist, nichts mehr entgegen, sobald der letztere, sei es noch
in dem neutralen Seegebiet, sei es ausserhalb desselben aber noch
in Sicht von dem neutralen Platze, ohne zwingenden Anlass zu Anker
gegangen ist; freilich wird der Neutrale unter Umständen Veranlassung zu nehmen haben, einem solchen Festlegen oder Beidrehen zum
Zwecke des weiteren Aufenthaltes in seinem Gebiet entgegenzutreten.

b) Unstatthaft ist jeder Angriff und jedes Gefecht innerhalb
der neutralen Gewässer oder in solcher Nähe derselben, dass die
Geschosse das neutrale Gebiet erreichen und dadurch die Integrität des letzteren gefährdet wird, ingleichen jede Verfolgung
eines feindlichen Schiffes in das neutrale Gebiet hinein [92]).

Der neutrale Staat, dessen Seegebiet nicht respektirt wird,
kann einen Anspruch auf Genugthuung bezw. Entschädigung erheben. Ist ein zu substantiirender Schaden für ihn oder diejenigen, deren Interessen zu vertreten er berufen ist, nicht erwachsen,
so wird es von den Umständen abhängen, welche Genugthuung
gefordert wird. Die Vornahme eines Gefechts in einem Hafen
wird jedenfalls als eine gravirendere Verletzung der Rechte des
Neutralen erscheinen, wie etwa ein Angriff in wenig besuchten
offenen Küstengewässern [93]).

---

[92]) Azuni a. a. O. II, S. 291 ff.; Calvo, droit intern., II., S. 408 ff.;
Twiss, II., S. 177; von Kaltenborn a. a. O. S. 25; Surland, Grundsätze
des europäischen Seerechts, § 675; Marco, le guerre marittime secondo i principii del codice italiano del 21 giugno 1865, S. 41 ff.; Russ. Prisen-Regl. von
1869, §§ 27 u. 28. — Bynkershoek (Quaest. jur. publ., I., cap. 8) erachtet eine
solche Verfolgung, wenn sie sich unmittelbar an das Gefecht anschliesst, und der
Feind ein Asyl im neutralen Gebiet sucht, und alsdann auch die Nehmung daselbst
für statthaft. Diese Anschauung ist jedoch mit dem Grundsatz der Integrität der
neutralen Gewässer der kriegerischen Aktion gegenüber völlig unvereinbar.

[93]) S. hierüber auch Ortolan a. a. O. II., S. 287 ff.

5. Unstatthaft ist ferner in neutralen Gewässern jede unmittelbare oder mittelbare Ausübung des Prisenrechts. Es ergeben sich aus diesem Grundsatz folgende besondere Konsequenzen.

a) In diesem Gebiet darf weder eine Anhaltung und Durchsuchung, noch eine Wegnahme oder Wiedernehmung feindlicher oder neutraler Schiffe stattfinden. Ingleichen ist die Verfolgung solcher Schiffe in neutrale Gewässer zum Zweck der Ausübung des Visitationsrechts bezw. der Nehmung unzulässig. Erfolgt dieser Regel zuwider eine Wegnahme, so hat der neutrale Staat das Recht und die Pflicht zur Intervention, d. i. je nach Lage der Verhältnisse die Freigabe der Prise zu fordern, und falls diesem Verlangen nicht entsprochen wird, die Freigabe mit Gewalt zu bewerkstelligen, oder wenn, sei es aus Mangel an Machtmitteln, sei es weil die Prise bereits aus dem neutralen Gebiete weggebracht worden, ein solch aktuelles Eingreifen ausgeschlossen ist, bei der betreffenden Regierung die Herausgabe der Prise an den Eigenthümer zu beanspruchen. Daneben hat der neutrale Staat einen Anspruch auf Genugthuung. Dagegen können die Interessenten an Schiff und Ladung weder aus der unberechtigten Ausübung des Visitationsrechts, noch aus der illegalen Aufbringung eine Anfechtung oder einen Anspruch auf Schadloshaltung herleiten, insoferne die Illegalität lediglich in der Verletzung der Rechtsstellung des neutralen Staates beruht. Es kann demgemäss von einer Nichtigkeitserklärung solcher Prisen im prisengerichtlichen Verfahren nicht die Rede sein, vielmehr würde eine sich lediglich auf jene Rechtsverletzung gründende Reklamation der Interessenten als ein Einspruch de jure tertii mit Fug zurückgewiesen werden [94]).

Dem neutralen Staat steht nur die Anfechtung der Rechtmässigkeit der Aufbringung vom Standpunkt der Verletzung seiner Souveränetätsrechte zu. Der Weg der Anfechtung, wenn nicht

---

[94]) WHEATON a. a. O. II., S. 88, 89; ORTOLAN a. a. O. II, S. 298; PHILLIMORE a. a. O. III., § 350; HAUTEFEUILLE a. a. O. IV., S. 265 ff.; GESSNER a. a. O., S. 344; BLUNTSCHLI a. a. O. § 786, Note 3; WILDMAN, Institutes of international Law II., S. 147: HOPF, die Wegnahme der „Frei" in britischen Gewässern. — Abweichend vertritt VON BULMERINCQ (Commission des prises maritimes, rapport, extrait de la Revue de droit international et de législation comparée, S. 326, 327) die Meinung, dass solche Prisen null und nichtig seien, und dem Eigenthümer restituirt werden sollen. — So auch die britische Foreign Enlistment Act., 1870, § 14 („Illegal Prise").

die Freigabe direkt erzielt werden kann, ist der diplomatische; die Rolle eines Reklamanten im prisengerichtlichen Verfahren darf ihm nicht zugemuthet werden. Auf der anderen Seite aber steht ihm in derartigen Fällen weder die Ausübung einer Prisengerichtsbarkeit noch das Recht zu, den Befehlshaber des Kriegsschiffes, welcher sich einer solchen völkerrechtswidrigen Handlung schuldig gemacht hat, zur Verantwortung zu ziehen. Die Ausübung einer Prisengerichtsbarkeit kommt ihm nicht zu, weil, gleichviel ob die Verletzung von Interessen seiner eigenen Angehörigen oder von Dritten mit in Frage steht, hierfür im Völkerrecht jede Begründung fehlt. Auf welchem Wege er im übrigen die thatsächliche und rechtliche Grundlage für die Geltendmachung seiner Forderungen gewinnen will, bleibt in jedem Falle seinem Ermessen überlassen [95]). Dass der neutrale Staat den Befehlshaber des Kriegsschiffes, welchem die Rechtsverletzung zur Last fällt, nicht zur Verantwortung ziehen kann, liegt in dessen Stellung, in welcher er lediglich seinem Souverän verantwortlich ist, begründet [96]).

b) Ueber die Befugniss der Kriegsschiffe zum Einlaufen mit Prisen in neutrale Häfen enthalten sowohl die Reglements der Einzelstaaten als auch zahlreiche Neutralitätserklärungen positive Vorschriften, aus welchen für die Praxis als Regel zu entnehmen ist: dass die Befehlshaber der Kriegsschiffe nur im Nothfalle mit Prisen neutrale Häfen anlaufen sollen, und dass es unter allen Umständen von dem Ermessen des neutralen Staates abhängt, ob und unter welchen Modalitäten er Kriegsschiffe mit Prisen in seine Häfen zulassen will, mit der Maassgabe, dass im Falle der Seenoth ein Asyl nicht versagt wird. Die rechtliche Beurtheilung der Frage hängt davon ab, ob die Aufbringung als eine eigent-

---

[95]) BLUNTSCHLI a. a. O., § 842 und Anmerkg.; STECK, Versuch über Handels- und Schifffahrtsverträge, S. 109 ff. — Ueber einen Konflikt zwischen Preussen und Grossbritannien bezüglich dieser Frage s. PERELS a. a. O. S. 315 ff.

[96]) Die abweichende Meinung von HAUTEFEUILLE (a. a. O. IV., S. 320) und GESSNER (a. a. O. S. 379), ist unhaltbar. Es wird bei dem Versuch ihrer Begründung namentlich übersehen, dass der Kommandant eines Kriegsschiffes in derartigen Fällen nicht als Privatperson, sondern als Repräsentant der Kriegsgewalt seines Staates gehandelt hat, und dass er in dieser Eigenschaft irgend einer Gerichtsbarkeit eines fremden Staates nicht unterworfen sein kann. S. auch PERELS a. a. O., S. 315, Anmerkg. 5.

liche kriegerische Aktion zu erachten ist. Wir glauben, diese
Frage verneinen zu sollen, indem wir die kriegerische Aktion mit
der erfolgten Wegnahme für abgeschlossen erachten. Erkennt man
das an, so folgt, dass grundsätzlich dem Einlaufen der Kriegsschiffe mit Prisen in neutrale Häfen nichts entgegensteht, selbstverständlich, soweit nicht den Kriegsschiffen an sich das Einlaufen bezw. ein längerer Aufenthalt daselbst versagt ist.

In einzelnen Staatsverträgen ist besonders festgesetzt, dass
es den Kriegsschiffen jedes der kontrahirenden Theile freistehen
soll, Prisen nach den Häfen des anderen Theiles zu bringen [97]).
Uebernimmt jeder Theil zugleich die Verpflichtung, eintretenden
Falles den Kriegsschiffen des Gegners mit ihren Prisen ein Asyl
zu versagen, so können daraus, wie in jedem Falle einer unvoll-
ständigen Neutralität [98]), Kollisionen entstehen, deren Lösung auf
völkerrechtlicher Basis ausgeschlossen ist [99]).

Wenn die neuesten Neutralitätserklärungen zum grossen
Theil das Einbringen von Prisen überhaupt verbieten [100]), so erklärt sich dies aus den modernen gegen das Seebeuterecht über-
haupt gerichteten Tendenzen. Einzelne dieser Erklärungen [101])
enthalten den ausdrücklichen Vorbehalt der Zulassung für den
Fall der Seenoth und für die Dauer des Nothstandes; mit dieser
Einschränkung müssen aber die Verbote, auch wenn jener Vor-
behalt fehlt, verstanden werden, weil nach allgemeiner seerecht-
licher Regel in dem Falle des Nothstandes keinem Schiffe ein
Asyl versagt wird. Freilich würde einem neutralen Staat das
Recht nicht versagt werden können, das Einlaufen auch für den
Fall der Seenoth nur unter der Bedingung der Freigabe der
Prise zuzulassen. Indessen würde eine solche Modalität schwer-
lich denjenigen Interessen, um deren Wahrung es sich dabei

---

[97]) Z. B. in Art. 19 des Freundschafts- und Handelsvertrages zwischen
Preussen und den Vereinigten Staaten von Nordamerika vom 11. Juli 1799,
auf dessen fortdauernde Gültigkeit in der nordamerikanischen Neutralitäts-
erklärung vom 22. August 1870 besonders hingewiesen wird.

[98]) S. über diesen Begriff PEREL8 a. a. O. S. 221.

[99]) Eine solche Stipulation enthält ein Vertrag zwischen Grossbritannien
und den Vereinigten Staaten von Nordamerika von 1794. S. hierüber PEREL8
a. a. O. S. 235, Anmerkg. 3.

[100]) Von den aus Veranlassung des deutsch-französischen Krieges im
Jahre 1870 erlassenen Neutralitätserklärungen enthalten solches Verbot diejenigen
von Grossbritannien, Italien, Spanien, Portugal, der Niederlande, Chile und Peru.

[101]) Diejenigen von Italien, Spanien, Portugal und der Niederlande.

handelte, entsprechen, insofern alsdann dem Befehlshaber des Kriegsschiffes die Befugniss zuständе, vor dem Einlaufen die Prise zu vernichten [102]).

Ein Anspruch des neutralen Staates, über eine Prise, welche in seine Häfen eingebracht ist, aburtheilen zu lassen, ist rechtlich selbst in dem Falle nicht zu begründen, dass die Prise oder ein Theil derselben Eigenthum seiner Angehörigen ist [103]).

Vierter Abschnitt.

Jurisdiktionsverhältnisse.

I. Allgemeine Gesichtspunkte.

Ein jedes Seeschiff trägt seine Nationalität mit sich in alle Meere. Man charakterisirt deshalb auch Seeschiffe als wandelnde Gebietstheile ihres Heimathsstaates, eine Bezeichnung, welche für alle Verhältnisse nur bei Kriegsschiffen als zutreffend erachtet werden kann. Die letzteren, als ein Theil der bewaffneten Macht ihres Heimathsstaates, repräsentiren diesen Staat, wo sie sich auch immer befinden mögen, und zwar nicht bloss äusserlich als seine Organe, sondern als integrirende Theile der souveränen, von jeder fremden Autorität unabhängigen Staatsgewalt. Kriegsschiffe sind demgemäss sowohl auf dem freien, keiner Staatshoheit unterworfenen Meere als detachirte Theile ihres Heimathsstaates mit allen dem letzteren zustehenden Prärogativen anzusehen, als auch grundsätzlich in fremden Hoheitsgewässern von jeder Einwirkung der dortigen Territorialgewalt eximirt.

Die Exterritorialität der Kriegsschiffe beruht nicht, wie diejenige der diplomatischen Vertreter einer fremden Nation, auf einer Rechtsfiktion, sondern in dem Wesen der Verhältnisse, nämlich auf der Thatsache der auf heimathlichem Boden gegenwärtigen fremden Staatsgewalt [104]). Die von einzelnen Publizisten

---

[102]) S. über diese Befugniss PERELS a. a. O. S. 311.

[103]) Das Nähere hierüber s. bei PERELS a. a. O. S. 315 ff.

[104]) WOOLSEY a. a. O. § 58 bemerkt: „public vessels are a part of the public organism, and represent the national dignity, and on these accounts, even in foreign ports, are exempt from the local jurisdiction. FERGUSON a. a. O. § C. 107: „The exemtions, immunities and privileges, granted to the public vessels of an independent State, and which have been wrongly ascribed to the fiction of extra-territoriality, are conceded to public vessels by virtue of

in Bezug auf die Exemtion von fremden Gewalten beliebte Gleichstellung eines Kriegsschiffes mit dem Hôtel eines Gesandten [105])
ist daher nicht ganz zutreffend. Das Haus eines Gesandten gilt
im völkerrechtlichen Sinne nur soweit als exterritorial, als nothwendig ist, um die Unverletzlichkeit des Gesandten selbst, seiner
Begleitung und seines Archivs zu gewährleisten [106]); es ist kein
unantastbares Asyl für Individuen, welche die persönliche Exemtion
von der fremden Justiz- und Polizeigewalt nicht zu beanspruchen
haben. Für ein Kriegsschiff dagegen ist die reale Exterritorialität
unter allen Verhältnissen und hinsichtlich aller an Bord vor-
genommener Handlungen auf dem Gebiete des Strafrechts sowohl wie
des Privatrechts anzunehmen [107]). Keine fremde Staatsgewalt darf
sich in dasjenige einmischen, was an Bord eines fremden Kriegsschiffes
vorgeht oder gar mit Gewalt den Zutritt zu erlangen suchen [108]).

Diese Unantastbarkeit, welche Kriegsschiffe überall zu beanspruchen haben, macht allerdings deren Befehlshaber keineswegs
unverantwortlich. Sie sind aber lediglich ihrer eigenen Regierungsgewalt Rechenschaft schuldig, und der Weg zur Ausgleichung
von Differenzen und Konflikten, deren Erledigung nicht unmittelbar
bezw. durch Vermittelung des Konsuls mit den Lokalbehörden des
fremden Landes zu Stande gebracht werden kann, ist der diplomatische zwischen den beiden betheiligten Staatsgewalten [109]).

Auch wenn der Kommandant eines Kriegsschiffes Verletzungen
der Interessen des fremden Staates oder der Angehörigen des-

---

their being, to a certain extent, regarded as representing the sovereign Power
of the State. In other words, the concession is due to the respect which the
sovereignty of a friendly State can claim".

[105]) S. namentlich CALVO, Dictionnaire II, S. 11, 12 und Droit intern.
I, §§ 614 bis 617; ferner VON MARTENS, Völkerrecht II, § 56.

[106]) Erkenntniss des Reichsgerichts vom 26. November 1880 (Entsch. in
Strafsachen, Bd. III, S. 71).

[107]) VON BAR, das internationale Privat- und Strafrecht §§ 154 u. 115,
Anmerkg. 7; es heisst hier: „Das Gesandtschaftshôtel gilt nicht als fremdes
Territorium; namentlich sind Delikte, welche daselbst von nicht exterritorialen Personen begangen werden, nach den Gesetzen des Landes zu beur-
theilen, in welchen das Gesandtschaftshôtel wirklich liegt. Aus dem Verhältniss fremder Kriegsschiffe kann hier eine Analogie nicht geltend gemacht
werden. Das Kriegsschiff, gleichsam eine bewegliche Festung, hält sich nur
zeitweilig in den Gewässern des Staates auf, und bleibt stets von dessen
eigentlichem Territorium getrennt, während das Gesandtschaftshôtel unmittelbar mit dem Grund und Boden zusammenhängt."

[108]) CALVO, Dictionnaire, S. 12 bis 14. [109]) PERELS a. a. O., S. 102.

selben sich zu Schulden kommen lässt, oder den Anordnungen
der fremden Regierung aktiven oder passiven Widerstand ent-
gegensetzt, ja selbst wenn das Schiff gegen den Willen dieser
Regierung in deren Territorialgebiet eingelaufen ist, wird dasselbe
oder seine Besatzung der Jurisdiktionsgewalt des fremden Staates
nicht unterworfen. Der Kommandant setzt sich und sein Schiff
aber denjenigen Maassnahmen aus, welche die in ihren Gerecht-
samen verletzte fremde Staatsgewalt zur Wahrung beziehungsweise
Wiederherstellung ihres Ansehens und der Integrität ihrer Interessen für erforderlich erachtet, und je nach Umständen selbst
der Beschlagnahme oder Vernichtung des Schiffes. Es macht
hierbei auch keinen Unterschied, ob der Kommandant zu solchen
rechtswidrigen Akten von seiner Regierung oder seinem Vorgesetzten ausdrücklich oder stillschweigend ermächtigt war oder ob
er sie eigenmächtig vorgenommen hat[110]). Die fremde Behörde
ist ja auch keinesweges immer von vorneherein in der Lage, ermessen zu können, ob der Kommandant autorisirt war oder nicht.
Es liegt aber auch in der That ein Bedürfniss zu der Unterscheidung
nicht vor. Denn gefährdet das Kriegsschiff durch sein Verhalten
die Integrität des fremden Staates, so befindet sich dieser in
einem Nothstand, in welchem ihm kraft des Rechts der Selbstvertheidigung und der gebotenen Wahrung seiner eigenen Interessen
jede gebotene Sicherstellung und Abwehr zusteht[111]), völlig unabhängig von der Frage über eine Jurisdiktionsgewalt, mit welcher
die Frage über das Recht der Nothwehr auf völkerrechtlichem
Gebiet nicht verquickt werden darf[112]).

Wenn zahlreiche Staatsverträge, in welchen die Befugniss
der Kriegsschiffe des einen zum Einlaufen in die Häfen des
anderen Theiles festgesetzt ist, in Verbindung damit die Vorschrift
enthalten, dass sich diese Schiffe während ihres Aufenthaltes daselbst den dort geltenden Gesetzen zu unterwerfen haben, so ist

---

[110]) Fiore a. a. O., I., § 537 ff. sucht seine abweichende Meinung
näher zu begründen.

[111]) Calvo, Droit intern. L, § 620; Dictionnaire, S. 12 bis 14.

[112]) Bluntschli a. a. O., § 321 irrt, wenn er die Exemtion von der
Erlaubniss zum Aufenthalt in den fremden Hoheitsgewässern abhängig machen
will; ebenso Wheaton a. a. O., I., S. 119 und Fiore a. a. O., I., § 535 und
539 a. Dass jeder Staat das Recht hat, fremde Kriegsschiffe, welche unbe-
fugter Weise in seine Gewässer eingelaufen sind, zurückzuweisen, nöthigenfalls
unter Anwendung von Gewalt, ist zweifellos.

dies nicht etwa als ein Verzicht auf die exterritoriale Stellung, sondern nur als eine berechtigte Maassgabe der Zulassung zu verstehen, wie sie auch ohne besondere Stipulation als die stillschweigende Voraussetzung der Zulassung anzusehen sein würde.

Wir würden nunmehr dazu übergehen können, die besonderen Konsequenzen aus dem Recht der Exterritorialität der Kriegsschiffe zu ziehen, wenn dieses Recht sich der einmüthigen Anerkennung aller Autoritäten zu erfreuen hätte. Das ist jedoch nicht der Fall, und zwar haben nicht nur einzelne namhafte Publizisten die Exemtion der Kriegsschiffe in fremden Gewässern von der dortigen Jurisdiktionshoheit negirt, beziehungsweise nur mit Beschränkung anerkannt, sondern auch staatlicherseits ist neuerdings, und zwar in England, das Prinzip in Frage gestellt worden.

Von Publizisten sind namentlich LAMPREDI [113]), AZUNI [114]) und PINHEIRO-FERREIRA [115]) für die Unterstellung der in fremden Hoheitsgewässern befindlichen Kriegsschiffe unter die Jurisdiktionsgewalt des fremden Staates eingetreten. Beachtenswerther als deren Auslassungen, welchen eine juristische Begründung fehlt, sind die offiziellen Erörterungen, die in England aus Veranlassung der Frage über das Asylrecht von Sklaven, welche sich an Bord britischer Kriegsschiffe, während die letzteren in den Häfen von Sklavenstaaten lagen, geflüchtet hatten, gepflogen wurden.

---

[113]) LAMPREDI, Trattato del commercio dei popoli neutrali in tempo di guerra, S. 111 ff. Derselbe bemerkt zur Begründung seiner Meinung: „nel territorio d'un principe non havvi nè luogo nè persona sopra cui il sovrano non eserciti il sommo impero."

[114]) AZUNI, Sistema universale dei principii del diritto marittimo dell' Europa, I., S. 96 ff., woselbst es heisst: „che escluso il comando militare, il quale resta intatto per la qualità e natura della nave di guerra, s' intenderà per ogni altro riguardo sottoposta la stessa nave e l'equipaggio alla giurisdizione del Sovrano del porto."

[115]) PINHEIRO-FOREIRA, Cours de droit public, II., S. 18 § 56: „Après avoir assimilé l'hôtel de l'envoyé au territoire de son pays, ils (les publicistes) ont cru, et avec plus de raison, il faut l'avouer, que les vaisseaux de guerre devaient aussi être considérés comme des portions détachées du territoire auquel ils appartiennent, et que par conséquent, lorsqu'ils sont mouillés dans un port étranger, les malfaiteurs du pays doivent trouver à leur bord un asile aussi inviolable que dans l'hôtel de l'ambassadeur ou dans le pays même auquel ces vaisseaux appartiennent. Cette application de leur chimérique fiction aux vaisseaux de guerre est encore plus dénuée de raison que lorsqu'il s'agit de l'hôtel et des équipages de l'ambassadeur."

Die durch Königliche Ordre vom 14. Februar 1876 zur Prüfung der Angelegenheit eingesetzte Kommission (Royal commission on fugitive slaves) stellte das Prinzip von der Exterritorialität der Kriegsschiffe in fremden Hoheitsgewässern in Frage, und die Berichte einzelner Mitglieder, insbesondere diejenigen des Lordoberrichters Sir Alexander Cockburn, setzten sich mit der bisherigen Staatenpraxis sowohl wie mit dem Wesen der Sache in vollen Widerspruch. Charakteristisch genug für den Standpunkt des Lordoberrichters ist dessen Meinung: es sei anzunehmen, dass der Kommandant eines britischen Kriegsschiffes einen Mann von der Besatzung desselben, welcher nach Begehung einer strafbaren Handlung am Lande wieder an Bord gelangt sei, der Ortsbehörde ausliefern werde[116]. Wir sind überzeugt, dass ebensowenig der Befehlshaber eines britischen, wie der Kommandant irgend eines anderen Kriegsschiffes einen solchen Mangel an Verständniss für das Ansehen seiner Flagge besitzen und sich zugleich mit dem in dem modernen öffentlichen Recht der meisten Staaten anerkannten Grundsatz, dass keine Staatsgewalt ihre eigenen Angehörigen einer ausländischen Behörde zur Strafverfolgung ausliefert, in Widerspruch setzen würde[117].

Die Praxis, insbesondere auch die Judikatur aller Staaten hat die volle Exterritorialität der Kriegsschiffe stets anerkannt[118].

---

[116] „Probably, if a local subject, having committed an offence against the local laws, were to find his way on to a British ship of war, the commander would at once give him up to the local authorities. Even if one of his own crew had committed an offence on shore he would probably do the same."

[117] Vgl. im übrigen die Berichte der Royal commission on fugitive slaves, namentlich Nr. III (S. 28 bis 56) und Nr. V (S. 62 bis 85).

[118] Das österr. Dienst-Regl. III (Nr. 1007) bestimmt: „Unter keinem Vorwande und unter keiner Bedingung ist es je zulässig, dass S. M. Kriegsschiffe durch Organe einer fremden Macht durchsucht, oder irgend eine zur Bemannung gehörige oder sonst wie an Bord aufgenommene Person durch solche Organe daselbst festgenommen werde. Ueberhaupt darf nicht geduldet werden, dass fremde Organe irgend eine Handlung an Bord vornehmen, die als Ausfluss von Hoheitsrechten anzusehen wäre. Jeder hierbei fremderseits angewendeten Gewalt ist der äusserste Widerstand entgegen zu setzen". — Ein Circular-Reskript des italienischen Justizministers vom 21. Januar 1865, betr. die Gerichtsbarkeit über fremde Schiffe, enthält folgende Weisung: „Ove si tratti di navi da guerra, le quali, in forza del diritto delle genti, sono immuni dalla giurisdizione locale, le autorità giudiziarie del Regno non potranno intromettersi per la repressione dei reati avvenuti a bordo di essi, nè procedere

Aber auch die neuere Wissenschaft ist in der Anerkennung der besonderen Rechtsstellung der Kriegsschiffe vollkommen einig. Von deutschen Publizisten constatiren namentlich KLÜBER[119]), HEFFTER[120]), NIZZE[121]), VON KALTENBORN[122]), VON NEUMANN[123]), ATTLMAYR[124]), BISCHOF[125]) die Exemtion von der fremden Jurisdiktion und Polizeigewalt, ebenso BLUNTSCHLI, welcher jedoch diese Befreiung an die Voraussetzung knüpft, dass das betreffende Kriegsschiff mit Erlaubniss des fremden Staates in dessen Gewässer eingelaufen ist, und dieselbe auch sonst nicht unbeschränkt annimmt[126]). BERNER führt sehr zutreffend aus: wie ein fremdes Kriegsschiff ebenso wie ein fremdes Heer nicht blos der Repräsentant, sondern der wirkliche Träger der auswärtigen Souveränetät, dessen nach aussen gewendete Macht sei, und wie es den grössten Widerspruch begehen hiesse, diese einer fremden Souveränetät unterwerfen zu wollen. „Wo ein Staat seine Fahne aufpflanzt und seine Kriegsmacht sammelt, da hat er über diese nothwendig selbst alle aus der Souveränetät fliessenden Rechte und vor Allem die Gerichtsbarkeit. Die Krieger also

---

ad atti di giurisdizione." — Erwähnt sei auch ein Erlass der venezuelanischen Regierung, betr. das Anlaufen venezuelanischer Häfen Seitens fremder Kriegsschiffe, von 1882, welcher im Art. 5 festsetzt: dass im Falle der Uebertretung der bezüglichen Vorschriften die Behörden davon abzusehen haben, gegen solche Schiffe Maassregeln zu ergreifen, da dieselben Exterritorialität geniessen, und sich darauf zu beschränken haben, an die National-Exekutivgewalt zu berichten, welche das weitere nach internationalem Brauche veranlassen werde. — Das preussische Obertribunal hat in einem Erkenntniss vom 16. März 1854 (GOLDTAMMER, Archiv für preuss. Strafrecht, Bd. 7 S. 344/345) ausgesprochen: „Anerkanntermaassen geniessen nur Kriegsschiffe die Prärogative der Exterritorialität oder der Exemtion von der fremden Staatsgewalt, während andere Schiffe und deren Bemannung in fremden Eigenthumsgewässern, wie sonstige fremde Sachen und Personen, der ausländischen Staatsgewalt ihren Gesetzen, Anordnungen und Gerichtsbarkeiten unterworfen werden.

[119]) KLÜBER, Europäisches Völkerrecht § 55.

[120]) a. a. O. § 79.

[121]) a. a. O. § 28 I.

[122]) a. a. O. § 215.

[123]) VON NEUMANN, Grundriss des heutigen europäischen Völkerrechts § 23.

[124]) ATTLMAYR, Die Elemente des internationalen Seerechts, I S. 33.

[125]) BISCHOF, Grundriss des positiven öffentlichen internationalen Seerechts, § 20.

[126]) a. a. O. §. 321. — Die Charakterisirung entbehrt hier der Klarheit und Sicherheit.

stehen nicht blos im feindlichen, sondern auch im befreundeten fremden Gebiete unter den Strafgesetzen ihres eigenen Staates und sind der Herrschaft der Ortsgesetze und Ortsgerichte entzogen. Es liegt auf der Hand, dass Theile einer fremden Kriegsflotte, also Schiffe, nicht anders gestellt sein können" [127]). Ebenso VON BAR: Kriegsschiffe repräsentiren unmittelbar die Militärhoheit des Staats; sie sind daher, da sie auch räumlich mit Bestimmtheit von dem Territorium des Staats, in dessen Hafen sie sich befinden, unterschieden werden, als Gebietstheile ihres Staats und gleichsam als bewegliche Festungen desselben anzusehen [128]). Ferner KÖNIG: „Die Kriegsschiffe bewahren auch in fremden Hoheitsgewässern ihre Eigenschaft als „wandelnde Gebietstheile" des Angehörigkeitsstaats. Sie sind exterritorial und der Staatsgewalt des Aufenthaltshafens nicht unterworfen. Daher dürfen Polizei-, Justiz- und andere Behörden des Orts Handlungen, welche als Ausfluss von Hoheitsrechten anzusehen sind, an Bord eines fremden Kriegsschiffes nicht ohne Genehmigung des Kommandanten vornehmen. Differenzen, welche zwischen letzterem und den Lokalbehörden in dieser Beziehung entstehen sollten, bedürfen zu ihrer Beseitigung des diplomatischen Weges. Vereinzelt ist Seitens der Theoretiker versucht worden, die durch lange Uebung gesicherte exterritoriale Stellung der in fremden Hoheitsgewässern befindlichen Kriegsschiffe anzufechten; die Staatenpraxis ist diesem Versuche nicht gefolgt. Die Exterritorialität entbindet aber die Kriegsschiffe nicht davon, in Achtung der fremden Souveränetät alle diejenigen Bestimmungen zu befolgen, welche im Interesse der öffentlichen Ordnung gegeben sind" [129]). Schliesslich mag noch auf eine Abhandlung „Ueber die Bestrafung strafbarer Handlungen, welche auf preussischen Seeschiffen begangen werden", in GOLDTAMMER's Archiv für preussisches Strafrecht hingewiesen werden [130]).

---

[127]) BERNER, Wirkungskreis des Strafgesetzes nach Zeit, Raum und Personen, §§ 39 und 53.

[128]) a. a. O. § 145; s. auch die oben mitgetheilte Anmerkg. 7 zu § 115.

[129]) a. a. O. § 63.

[130]) Bd. 3, S. 650 ff., namentlich S. 654/655; es heisst hier: „So viel bleibt gewiss, dass Kriegsschiffe wie wandelnde bewegliche Festungen ihres Heimathslandes zu betrachten sind, in denen die Autorität des Souverains dieses Landes auf der See, wie in den Festungen im Lande selbst, nicht erst fingirt zu werden braucht, sondern in der Wirklichkeit durch die Befehlshaber und

— 55 —

Von Engländern erklärt PHILLIMORE: „Long usage and universal custom entitle every such ship to be considered as a part of the State to which she belongs, and to be exempt from any other jurisdiction; whether this privilege be founded upon strict International Right, or upon an original concession of Comity, with respect to the State in its aggregate capacity, which, by inveterate practice, has assumed the position of a Right, is a consideration of not much practical importance. But it is of some importance, for, if the better opinion be, as it would seem to be, that the privilege in question was originally a concession of Comity, it may, on due notice being given, be revoked by a State, so ill advised as to adopt such a course, which could not happen if it were a matter of Natural Right. But, unquestionably, in the case of the Foreign Ship of War, as of the Foreign Sovereign and Ambassador, every State which has not formally notified its departure from this usage of the civilized world, is under a tacid convention to accord this privilege to the Foreign Ship of War lying in its harbours. The privilege is extended, by the reason of the thing, to boats, tenders, and all appartenances of a ship of war" [131]). TWISS begründet die volle Exemtion der Kriegsschiffe (total exemtion from the law of the territory) dahin: „A public vessel of war represents the Sovereign Power of the Nation, underwhose commission and flag it sails. If it leaves the High Seas the common highway of Nations, and enters within the maritime territory of a Friendly State, it is entitled to the same privileges which would be extended to the person of the Sovereign. A ship of war has been termed an extension of the territory of the Nation to which it belongs, not only when it is on the wide ocean, but when it is in a foreign port. In this respect a ship of war resembles an army marching by consent through a neutral territory. Neither ships of war nor army so licensed fall under the jurisdiction of a Foreign State [132])." HARCOURT (Historicus) fertigt in einem Briefe an die Times vom 4. November 1875 die gegen die Exemtion der Kriegsschiffe von der fremden Jurisdiktionsgewalt

die bewaffnete Macht thatsächlich überall dargestellt wird. — — In Betreff der ersteren (Kriegs- oder Staatsschiffe) ist ohne erheblichen Widerspruch ihre vollständige Exterritorialität auch in fremden Eigenthumsgewässern anerkannt."

[131]) a. a. O. I., §§ 344, 346.
[132]) a. a. O. I., § 165.

erhobenen Zweifel dahin ab: „I had certainly supposed that in the whole range of public law there was no position more firmly established by authority, more universally admitted by Governments, or one which had been more completely accepted in the intercourse of States, as unquestioned and unquestionable. — That a public ship of war is just as much exempt from the operation of foreign law, within the ports of another State by whom it is received, as it is on the high seas, is, I believe, a thing which no Statesman now questions and no jurist doubts. The precedents, the practice, the authorithies, the reasoning, are all one way." Eingehend behandelte auch HALL die Frage, indem er zugleich die Voten der Majorität der Fugitive Slave Commission einer Kritik unterzieht; er gelangt zu folgendem Schluss: „It is clear that there is now a great preponderance of authority in favour of the view that a vessel of war in foreign waters is to be regarded as not subject to the territorial jurisdiction;" weiter führt er zutreffend aus, dass die Besatzung ausserhalb der Sphäre des Schiffes die Gesetze des fremden Staates zu respektiren habe [133]). S. ferner FIELD [134]).

Von Franzosen treten namentlich ORTOLAN und CAUCHY für die Unabhängigkeit der Kriegsschiffe von fremden Gewalten ein. Ersterer hebt hervor: „ces bâtiments doivent participer pleinement à l'indépendance et à la souveraineté de la puissance qui les arme," und vertheidigt die traditionelle Ansehung eines Kriegsschiffes als eines Gebietstheiles seines Heimathsstaates, als durch das Wesen der Verhältnisse begründet, mit grosser Wärme [135]). CAUCHY erklärt; „Il ·n'est besoin d'aucune fiction pour justifier, à bord des bâtiments de l'Etat, l'exercise de la jurisdiction du souverain, qui les commande par l'entremise de ses délégués. Une escadre militaire c'est un corps d'armée, c'est-à-dire la représentation directe et vivante de la souveraineté pour ce qui concerne la guerre. Ce caractère la suit en tous lieux: partout où stationne un bâtiment de guerre, le souverain est présent par ses délégués. Il y a là quelque chose qui ressemble à l'inviolabilité des ambassadeurs, dont le principe ne dérive pas assurément de la jurisdiction territoriale, mais d'un pacte sacré, taci-

---

[133]) A treatise on international law, §§ 54, 55.
[134]) a. a. O. § 309.
[135]) ORTOLAN a. a. O. I. S. 178 ff., namentlich S. 192, 193 und 266 ff.

tement conclu entre tous les peuples civilisés du monde [136]."
S. ferner FOELIX [137]) und RENAULT [138]).

Von Italienern behandelt FIORE den Gegenstand besonders
eingehend. Indem er ein Kriegsschiff einer schwimmenden Festung
gleich erachtet, begründet er dessen ausschliessliche Unterstellung
unter die souveräne Staatsgewalt des Heimathsstaates, und erklärt es
als eine eigentliche internationale Rechtspflicht, die ausschliessliche
Jurisdiktionsgewalt des Heimathsstaates über seine Kriegsschiffe
zu respektiren [139]). Ebenso tritt SCHIATARELLA für die absolute
Exemtion der Kriegsschiffe von jeder fremden Jurisdiktionsgewalt
ein, und begründet dieselbe durch das Recht der Unabhängigkeit
souveräner Staaten, sowie mit der Unmöglichkeit der Vermittelung
der internationalen Beziehungen durch Kriegsschiffe ohne deren
Exemtion von fremden Autoritäten [140]). Auch PIERANTONI
bezeichnet die Kriegsschiffe als Repräsentanten der Staatsgewalt [141]).

Der russische Völkerrechtslehrer FR. VON MARTENS erkennt
ebenfalls an, dass die prinzipielle Exterritorialität der Kriegsschiffe in der Praxis konsequente Anerkennung findet, meint aber,
dass eine ganz unbegrenzte Exterritorialität mit der eigenen
Sicherheit der Schiffe selbst kaum, mit den Rechten und der
Würde des Uferstaates aber keinenfalls vereinbar sei [142]).

Der holländische Publizist FERGUSON erachtet die volle Exemtion der Kriegsschiffe und ihrer Besatzungen von jeder fremden
Jurisdiktionsgewalt als eine Konzession „by virtue of their being,
to a certain extent, regarded as representing the sovereign Power
of the State [143]).

Auch die hervorragendsten amerikanischen Publizisten vertreten denselben Standpunkt, namentlich WHEATON [144]), KENT [145])
und CALVO; der letztere begründet die eximirte Rechtsstellung

---

[136]) CAUCHY, Le droit maritime international II, S. 157.
[137]) FOELIX, Traité du droit international privé, § 544.
[138]) S. dessen Abhandlung in der Revue de droit international, Bd. 14, S. 78.
[139]) a. a. O. I. §§ 532 ff., namentlich § 535.
[140]) SCHIATTARELLA, Del Territorio, S. 22 ff. und S. 35.
[141]) PIERANTONI, Trattato di diritto internazionale, I, S. 8.
[142]) FR. VON MARTENS a. a. O. II, S. 235, 236.
[143]) FERGUSON a. a. O. §§ 105 und 107.
[144]) a. a. O. I, S. 119.
[145]) KENT, Commentaries on American Law, I, S. 27.

der Kriegsschiffe durch den Charakter derselben als Theile der Staatsgewalt, welche an deren Unabhängigkeit zu partizipiren haben, und weist namentlich auf die wesentlichen Unterschiede in dem Charakter der Kriegs- und Handelsschiffe hin [146]).

II. Reale Exterritorialität.

1. Das Kriegsschiff als solches mit seinen gesammten Pertinenzien ist von der fremden Jurisdiktionsgewalt eximirt. Dasselbe ist keiner Arrestanlegung oder sonstigen die Freiheit der Dispositionen seines Kommandanten beeinträchtigenden Maasregel unterworfen [147]). Kein fremdes Gericht darf einer Klage oder einem Arrestgesuch aus Rechtsansprüchen, welche sich auf das Verhalten des Schiffes oder auf Leistungen für dasselbe gründen, z. B. aus Veranlassung einer Kollision, wegen Schlepp-, Hülfs- oder Bergelohn, aus Lieferungsverträgen etc., Folge geben. Wird bei solchen streitigen Ansprüchen eine gütliche Einigung, auch durch die konsularische Vermittelung, nicht erzielt, so können dieselben nur verfolgt werden entweder auf diplomatischem Wege oder durch Erhebung einer Klage bei dem zuständigen Gericht des Heimathsstaates [148]).

2. Alle strafbaren Handlungen, welche an Bord eines Kriegsschiffes oder in einem der zu einem solchen gehörigen Boote begangen werden, fallen unter die Jurisdiktion und die Gesetze des Landes, dessen Flagge das Schiff führt. Auch wenn der Thäter nicht zur Schiffsbesatzung gehört, selbst wenn er ein Angehöriger des Staates ist, in dessen Seegebiet sich das Schiff aufhält, welcher sich nur vorübergehend an Bord befindet, ist er jener Gerichtsbarkeit und jenen Gesetzen unterworfen; es bleibt aber in solchen Fällen dem Befehlshaber des Kriegsschiffes unbenommen, ihn der fremden Justiz- oder Polizeibehörde zur Strafverfolgung zu überweisen. Jedenfalls wird sich für die meisten Fälle schon aus

---

[146]) Droit intern., II, §§ 614 ff.; Dict. II, S. 11 ff.

[147]) PHILLIMORE a. a. O. I, § 348.

[148]) FERGUSON a. a. O. I, § 109 bemerkt: „Public vessels are, by virtue of their character, exempt from all local jurisdiction, also with regard to actions brougt regarding collision and salvage claims. Any such claim must be examined and decided by the representative of the foreign State to which the Public vessel belongs." VON BAR a. a. O. § 130: „Fremde Kriegsschiffe können nie mit Arrest belegt werden."

Opportunitätsrücksichten eine solche Ueberweisung empfehlen, namentlich wenn zu der Besorgniss, dass eine entsprechende Sühne nicht erfolgen werde, kein Anlass vorliegt.

Hier tritt der Charakter der vollen Exterritorialität der Kriegsschiffe der beschränkten Exterritorialität der Wohnung eines Gesandten gegenüber besonders scharf hervor. Diese Wohnung ist Inland und eine in derselben begangene Strafthat gilt als im Inland verübt und unterliegt der inländischen Jurisdiktion, selbst wenn der Thäter Ausländer ist, falls er nicht etwa zu den persönlich Eximirten gehört [149]).

3. Die Anerkennung eines Asylrechts an Bord der Kriegsschiffe ist eine unmittelbare und nothwendige Konsequenz ihres exterritorialen Charakters. Hat ein Verbrecher, gleichviel welcher Nationalität, sich an Bord eines Kriegsschiffes geflüchtet, so befindet er sich auf dem Boden des Staates, dessen Flagge dieses Schiff führt und auf welchem eine externe Behörde einen aus der Staatshoheit emanirenden Akt, insbesondere eine Polizei- oder Jurisdiktionsgewalt nicht ausüben darf. Die Verfolgung eines Flüchtigen bis auf das Schiff würde ebenso völkerrechtswidrig sein, wie eine solche Verfolgung in fremdes Landgebiet hinein. Wird in einem derartigen Falle ein Anspruch auf Auslieferung erhoben, so kommt es zunächst darauf an, ob zwischen dem Heimathsstaate des Kriegsschiffes und dem Staate, der die Auslieferung fordert, ein Auslieferungsvertrag besteht. Ist das der Fall, so wird dem Ersuchen um Auslieferung nach Maassgabe des Vertrages Folge zu geben sein. Jedoch ist es dem Kommandanten des Kriegsschiffes unbenommen, auch in Fällen, welche nicht durch Staatsvertrag vorgesehen sind, den Flüchtling von Bord zu weisen und der Verfügung der Landesbehörde zu überlassen. Ebenso hängt die Gewährung des Asyls, falls ein Auslieferungsvertrag zwischen den betheiligten Nationen nicht besteht, lediglich von dem Ermessen des Kommandanten beziehungsweise den demselben etwa ertheilten Instruktionen ab. Die Auslieferung eigener Staatsangehöriger an eine ausländische Behörde zur Strafverfolgung wird stets abzulehnen sein. Im übrigen aber wird es keinem Kommandanten, der für das Wesen der internationalen Beziehungen Verständniss hat, einfallen, Verbrecher fremder Nationalität unter

---

[149]) PERELS a. a. O. S. 111, 112.

den Schutz seiner Flagge zu nehmen; es würde dies einen Missbrauch der dem Kriegsschiffe erwiesenen Gastfreundschaft invol-
viren und die Verweisung desselben aus den Hoheitsgewässern
Seitens der Territorialmacht vollkommen rechtfertigen[150]).
Die Territorialbehörde darf aber, wenn ihrem Ersuchen um
Auslieferung nicht entsprochen wird, die letztere nicht mit Gewalt durchzusetzen suchen[151]). Anders freilich liegt das Verhältniss, wenn etwa in dem Falle einer Revolution der Kommandant
eines fremden Kriegsschiffes das letztere zu einem Schlupfwinkel
für die Aufständischen hergeben wollte. Es wird alsdann der in
ihrer Integrität bedrohten Regierungsgewalt die Befugniss einer
Zwangsaktion gegen ein derartiges völkerrechtswidriges Verhalten
nicht versagt werden können. Das ist aber, wie bereits oben (I)

---

[150]) VON BAR a. a. O. § 154; OBTOLAN, a. a. O. I, S. 191 und 293 ff. —
Die Queens Regulations setzen im Act. 422 fest: „1. Ships in the ports of a
foreign country are not to receive on board persons, although they may be
British subjects, seeking refuge for the pourpose of evading the laws of the
foreign country to which they may have become amenable. 2. During political
disturbances or popular tumults refuge may be afforded to persons flying
from imminent personal danger. In such cases care must be taken that the
refugees do not carry on, from Her Majesty's Ships correspondence with their
partisans, and the earliest opportunity must be taken to transfer them to some
place of safety. 3 Except in extreme cases, passages should not be given to
the subjects of foreign Governments. 4. Whenever circumstances may permit,
Naval Officers should communicate with Her Majesty's Diplomatic or Consular Servants on the spot, before taking steps for the reception of refugees on
board their Ships." Fast genau dieselben Vorschriften enthält das ital. Regl.
im Anl. 29, mit dem Zusatz: „ma una volta l'asilo concesso esso è inviolabile
e va difeso come l'onore della bandiera nazionale"; im Anl. 454 ist ausserdem
verordnet, dass politische Flüchtlinge, denen eine Zuflucht bewilligt ist, keinerlei
Kommunikation mit dem Lande haben sollen, damit das Schiff nicht kompro-
mittirt werde.

[151]) CALVO, droit intern. I, § 617 bemerkt: „Du principe qui en toute
circonstance exempte les navires de guerre de l'action des autorités ainsi que de
la juridiction civile et criminelle des tribunaux du pays étranger où ils
mouillent, il résulte que pénétrer à leur bord par force est une violation de
pavillon, qui peut entraîner les plus graves conséquences et justifier une rupture
de relations entre deux États." — FIELD, a. a. O. § 205 (Anm. 2) hebt hervor:
„le droit d'asile d'une nation ne s'étend pas seulement à son territoire mais
à tous les autres lieux placés sous son empire exclusif" und kommt hiernach
zu dem Schluss: „on ne pourrait forcer un navire de guerre à livrer un fugitif."
S. auch VON BAR a. a. O. § 154, während FR. VON MARTENS a. a. O. S. 236
ein unbegrenztes Asylrecht nicht anerkennt.

dargelegt ist, nicht die Ausübung einer Jurisdiktionsgewalt, sondern des Nothrechts der Selbstvertheidigung [153]).

Zu sehr eingehenden Erörterungen führte in neuerer Zeit die Frage über die Verpflichtung zur Auslieferung von Sklaven, welche sich an Bord britischer Kriegsschiffe geflüchtet haben, während des Aufenthaltes der letzteren in Häfen solcher Staaten, in welchen der Zustand der Sklaverei zu Recht besteht. Die Lösung der Frage ist völlig unabhängig von einer etwa bestehenden Vereinbarung über die Auslieferung von Verbrechern. Es ist dabei namentlich zu berücksichtigen, einerseits, dass die persönliche Rechtsstellung eines Verbrechers dadurch, dass es ihm gelungen ist, an Bord eines fremden Kriegsschiffes zu gelangen, in keiner Weise alterirt wird, während nach englischem Recht Sklaven mit dem Augenblick, in welchem sie britischen Boden betreten, frei werden, und andererseits, dass die Auslieferung einer freien Person, gleichviel welcher Nationalität sie angehört, zu dem Zweck der Wiederherstellung seines früheren Zustandes als Sklaven dem Rechtsbewusstsein der neueren Zeit völlig zuwider ist. Dieser Anschauung hatte auch ehedem die britische Regierung Rechnung getragen. „It should be born in mind that if a slave were to take refuge on board a British ship of war, it will still, as heretofore, be the duty of the captain to refuse to surrender such slave," schrieb Lord CLARENDON in einer Note vom 19. Juni 1870 an den britischen Gesandten in Rio de Janeiro. Seit 1870 begann indessen eine abweichende Auffassung sich Bahn zu brechen. In einem Schreiben vom 6. Januar jenes Jahres an die Admiralität missbilligt das Auswärtige Amt, dass die Kommandanten britischer Kriegsschiffe die Territorialgewässer von Madagaskar unter Mitnahme von Sklaven, welche dort eine Zuflucht an Bord gesucht hatten, verlassen hatten; die Begründung der Erinnerung kommt darauf hinaus, dass die Bewohner von Madagaskar ihres legalen Eigenthumes nicht beraubt werden dürften. Es muss hierbei bemerkt werden, dass Artikel 9 des Vertrages von 1865 zwischen Grossbritannien und Madagaskar bestimmt: „No subject of the Queen of Madagaskar shall be permitted to embark on any British ship, except such as shall have received a passport from the Malagasy authorities." Hiernach durften die Sklaven allerdings

---

[153]) S. auch FIORE a. a. O. I, §§ 537, 538.

nicht an Bord zugelassen werden. In den Art. 147 und 148 der Befehle der ostindischen Station von 1871 wird auf Grund der Entscheidung des auswärtigen Amtes den Kommandanten die Auslieferung der an Bord ihrer Schiffe geflüchteten Sklaven an die Eigenthümer anbefohlen. Abweichend davon erklärt zwar die Regierung von Bombay in einem Erlass vom 29. November 1871: „The commanders of British men-of-war would not only be authorised in refusing to surrender a slave who has found refuge on board his vessel, but would incur very serious legal responsibility if he in any way attempted to coerce that slave to return to his master;" aber in einem späteren Erlass vom 7. Januar 1874 spricht auch die indische Regierung die Verpflichtung zur Auslieferung auf desfallsiges Ansuchen aus. Schliesslich behandelte die Admiralität die Angelegenheit in zwei eingehenden Cirkularverfügungen vom 31. Juli und vom 5. December 1875, nach welcher flüchtige Sklaven nur unter ganz besonderen Umständen an Bord britischer Kriegsschiffe zugelassen werden sollen, und in welchen gleichzeitig die Auslieferung auf Ansuchen oder die Ausweisung ohne ein solches nach Maassgabe der Umstände angeordnet wird [153]).

Wir sehen hier von einem näheren Eingehen auf die Berichte und Vorschläge der bereits erwähnten, im Jahre 1876 eingesetzten Royal commission on fugitive slaves ab und weisen nur auf die in demselben Jahre, unter Aufhebung aller früheren Instruktionen erlassene Anweisung für die Befehlshaber der britischen Marine hin, welche denselben einen gewissen Spielraum lässt [154]).

---

[153]) PERELS a. a. O. S. 117 ff.

[154]) Dieselbe lautet nach der Fassung in den Queens Regulations § 422:

1. In any case in which a fugitive slave has been recieved on board a British Man-of-War and taken under the protection of the British flag, wether within or beyond the territorial waters of any State, no demand made for his surrender on the ground of slavery is to be admitted or entertained.

2. It is not intended, nor is it possible, to lay down any precise or general rule as to the cases in which a fugitive slave is to be so recieved. Commanding Officers will be guided by considerations of humanity. and these considerations must have full effect given to them whether the ship is on the high seas or within the territorial waters of a State in which slavery exists; but in the latter case the Captain ought, at the same time, to avoid conduct which may appear to be a breach of international comity and good faith.

3. If any person, within territorial waters, claims your protection on the ground that he is kept in slavery contrary to Treaties with Great Britain,

III. Persönliche Exemtionen.

Es handelt sich um die Befugniss zur Ausübung einer Jurisdiktionsgewalt über solche zur Besatzung eines in einem fremden Hafen befindlichen Kriegsschiffes gehörigen Personen, welche sich während ihres Aufenthaltes am Lande gegen die dort geltenden Gesetze vergehen, seitens der Territorialbehörde, in erster Linie um die Zulassung ihrer Verhaftung. Dass eine Festnahme nicht statthaft ist, sobald es dem Betreffenden gelungen ist, an Bord oder in ein Boot des Kriegsschiffes, welchem er angehört, oder eines anderen Kriegsschiffes derselben Flagge zu gelangen, kann mit Rücksicht auf die reale Exterritorialität des Kriegsschiffes und der zu demselben gehörigen Boote nicht zweifelhaft sein. Aber auch während der Zeit, in welcher sich ein solches Individuum am Lande befindet, erscheint Festnahme durch die Landes- oder Ortsbehörde nicht unter allen Umständen zulässig, sondern man wird unterscheiden müssen, ob der Betreffende sich dienstlich oder ausserdienstlich am Lande befindet [155]).

---

he should be received until the truth of his statement is examined into. This examination should be made, if possible, after communication with nearest British Consular autority, and he should be guided in his subsequent proceedings by the result.

4. A special report is to be made of every case of a fugitive slave received on board ship.

[155]) Auf diese Unterscheidung wird von den meisten Publizisten kein Gewicht gelegt, sondern die Zulässigkeit der Verhaftung und Strafverfolgung als Grundsatz aufgestellt. So bei ORTOLAN a. a. O. I, S. 268 ff., namentlich S. 390, PHILLIMORE a. a. O. I, § 346. KOENIG a. a. O. § 63 erachtet die Berechtigung der Unterscheidung für zweifelhaft. HARBURGER (Der strafrechtliche Begriff „Inland" und seine Beziehungen zum Völkerrecht und Staatsrecht S. 125) hält zwar den dienstlichen und nichtdienstlichen Aufenthalt am Lande auseinander, zieht aber daraus keine ganz zutreffenden Folgerungen. S. ferner DE NEGRIN, Tratado elemental de derecho internacional maritimo, § 111. RENAULT (Revue de droit intern. Bd. 14, S. 78) bemerkt mit Bezug auf die Exterritorialität fremder Kriegsschiffe in französischen Gewässern: „cette exterritorialité affranchit de la jurisdiction locale le navire lui-même et les faits qui s'y passent, non les personnes attachées à ce navire et qui pourraient commetre des infractions au dehors. C'est ce qu'a jugé la cour de cassation le 24. février 1868, en cassant une décision du tribunal supérieur de Saïgon qui s'était déclaré incompétent pour connaître du délit de rébellion imputé à un marin anglais, appartenant à une corvette mouillée dans le port de Saïgon et descendu à terre. L'arrêt se borne à rappeler le principe de l'art. 3 du Code

1. Personen von der Besatzung, welche sich in dienstlichen Funktionen am Lande befinden, bleiben für die Dauer ihres dienstlichen Aufenthaltes daselbst, sofern ein solcher nicht etwa von der fremden Staatsgewalt überhaupt untersagt worden war, der Jurisdiktion und den Gesetzen ihres Heimathsstaates unterworfen. Denn die ihnen, sei es ausdrücklich sei es stillschweigend, ertheilte Bewilligung zum Aufenthalt in dienstlicher Funktion am Lande gilt nach allgemeiner völkerrechtlicher Regel als gegeben unter dem Verzicht auf die Ausübung einer Jurisdiktions- oder Polizeigewalt [155]). Es gilt dieser Grundsatz für einzelne Individuen ebensowohl wie für ganze Abtheilungen. Die Voraussetzung der Exemtion ist aber, dass solche Personen oder Abtheilungen sich nach Maassgabe der zugestandenen Bewilligung verhalten, also namentlich nicht etwa solche Theile des fremden Staatsgebietes betreten, die ihnen ausdrücklich untersagt worden sind; ferner hört die Exemtion auf für Individuen, welche von ihrer Abtheilung abgekommen sind. Als abgekommen in diesem Sinne sind aber nur solche zu betrachten, die der thatsächlichen Autorität ihrer Vorgesetzten entzogen sind. Im übrigen kann die Regel kraft des Rechts der Selbsthülfe eine Ausnahme erleiden, wie dies ja auch hinsichtlich des Grundsatzes von der Exemtion der Kriegsschiffe selbst der Fall ist [156]).

Es versteht sich von selbst, dass solche Leute nicht der Strafverfolgung überhaupt entzogen werden sollen. Vielmehr wird diese nach Maassgabe der Gesetze, unter welchen das Kriegs-

civil et c'était suffisant." Art. 3 cit. bestimmt: „Les lois de police et de sûreté obligent tous ceux qui habitent le territoire."

[155]) FOELIX a. a. O., § 547 konstatirt als einen Grundsatz des Völkerrechts: „Le militaire sous les drapeaux ou en activité de service. qui se trouve dans un pays étranger, est considéré comme étant dans sa patrie; par suite, même lorsqu'il est dans un pays ami ou neutre, les crimes ou délits dont il s'est rendu coupable seront punis comme s'il les avait commis dans sa patrie." — VON BAR a. a. O., § 145 erkennt diese Regel nur unbedingt an, sofern es sich um strafbare Handlungen gegen Kameraden oder Vorgesetzte, gegen die Heeresordnung oder gegen den eigenen Staat handelt; soweit das nicht der Fall sei, müsse in Ermangelung eines besonderen Vertrages Prävention entscheiden. — S. auch FIORE a. a. O., I., § 539 g. in Verbindung mit §§ 513 und 517.

schiff steht, herbeizuführen sein [157]), und es wird von dem Ergebniss der Untersuchung der fremden Behörde, falls von derselben das Ersuchen um Strafverfolgung gestellt ist, auf einem den Verhältnissen entsprechenden Wege Kenntniss zu geben sein.

2. Ueber Personen von der Besatzung, welche sich ausserdienstlich am Lande befinden, ist die fremde Staatsgewalt berechtigt, die Jurisdiktions- und Polizeigewalt in vollem Umfange auszuüben, gerade wie über andere Ausländer, welche nicht nach allgemeinen völkerrechtlichen Grundsätzen die Befreiung von derselben zu beanspruchen haben. Die Praxis, beruhend theils auf Opportunitätsrücksichten, theils auf Konnivenz, stellt sich aber so, dass vielfach von jener an und für sich völlig unbestreitbaren Befugniss kein Gebrauch gemacht wird; namentlich pflegen solche Personen, wenn sie sich einer Strafthat geringfügiger Art gegen die Gesetze des fremden Landes haben zu Schulden kommen lassen, nur vorläufig festgenommen und unter Mittheilung des Sachverhaltes ihrem Kommandanten zur Strafverfolgung übergeben zu werden, und es wird in derartigen Fällen die Pflicht des letzteren sein, soweit die Gesetze seines Landes es zulassen, die Strafverfolgung in die Wege zu leiten und von dem Ausgange derselben der fremden Behörde Kenntniss zu geben. Hat die fremde Staatsgewalt nicht etwa ausdrücklich oder durch konkludente Handlungen auf die Strafverfolgung ihrerseits verzichtet, so würde sie auch befugt sein, ein solches Individuum, welches sich einer strafbaren Handlung gegen die Gesetze des Landes schuldig gemacht hat und welchem es gelungen ist, an Bord des Kriegsschiffes zu entkommen, zu dessen Besatzung es gehört, sobald es wieder an Land betroffen wird, festnehmen und von dem zuständigen Gericht des Landes aburtheilen zu lassen [158]).

In allen Fällen ist es die Pflicht der Behörde, welche eine Person von der Besatzung eines fremden Kriegsschiffes hat fest-

---

[157]) PERELS a. a. O., S. 114.

[158]) Das Deutsche Militärstrafgesetzbuch giebt eine Garantie dafür durch die Vorschrift des § 7 in Verbindung mit den §§ 162 und 163, wonach von den zur Besatzung S. M. Schiffe gehörigen Personen im Auslande begangene strafbare Handlungen ebenso bestraft werden sollen, als wenn diese Handlungen von ihnen im Bundesgebiete begangen wären.

[159]) PERELS a. a. O., S. 114, 115.

nehmen lassen und die Strafverfolgung gegen sie einleitet, hiervon baldthunlichst auf geeignetem Wege den Kommandanten dieses Schiffes, unter Mittheilung des Gegenstandes der Anschuldigung, in Kenntniss zu setzen, und letzterer wird wiederum entweder direkt oder durch Vermittelung des Konsuls bezw. des diplomatischen Vertreters seines Souveräns dahin zu wirken haben, dass dem Angeschuldigten eine angemessene Behandlung zu Theil werde und dessen Interessen nach allen Richtungen hin, namentlich auch durch Zuordnung eines Vertheidigers, wah genommen werden [160]).

---

[160]) PHILLIMORE a. a. O., I., § 346; PERELS a. a. O., S. 112, Anmerkg. 1.